U0858254

徐邦達詩詞集

徐書城

蔡淵迪 整理　徐書城 彙編

北方聯合出版傳媒（集團）股份有限公司
遼海出版社

圖書在版編目（CIP）數據

徐邦達詩詞集 / 蔡淵迪整理；徐書城彙編. —瀋陽：遼海出版社，2020.11

ISBN 978-7-5451-6009-3

I. ①徐… Ⅱ. ①蔡… ②徐… Ⅲ. ①詩詞—作品集—中國—當代 Ⅳ. ①I227

中國版本圖書館CIP資料核字（2020）第221073號

出 版 者：北方聯合出版傳媒（集團）股份有限公司
遼 海 出 版 社
（地址：瀋陽市和平區十一緯路25號　郵編：110003）
印 刷 者：遼寧新華印務有限公司
發 行 者：遼海出版社
幅面尺寸：147mm×210mm
印　　張：9.5
字　　數：200千字
出版時間：2020年11月第1版
印刷時間：2021年1月第1次印刷
特約編輯：朱昌元
責任編輯：馬千里　郎曉川　李　麗
封面設計：姿　蘭
版式設計：童迎强
責任校對：周建剛

書　　號：ISBN 978-7-5451-6009-3
定　　價：35.00圓

購書電話：024-23285299
網　　址：http://www.lhph.com.cn

法律顧問：遼寧普凱律師事務所　王　偉
如有質量問題，請與印刷廠聯繫調換
印刷廠電話：024-31255233
盜版舉報電話：024-23284481
盜版舉報信箱：liaohaichubanshe@163.com

徐邦達先生像

徐邦達、徐書城父子

徐邦達、徐書城父子合作之《竹解心虛是我師》軸

徐邦達《唐賢詩意山水》卷

行書《閒中偶作》

行書《少年遊》

隨衾詩卷擁嶙峋

——《徐邦達詩詞集》序

先父孚尹公以百一高齡辭世，至今已經五載了，我也年過耄耋，然他作爲父親的形象竟在我意識裏漸漸清晰起來。被業界尊稱爲書畫鑑定“學界泰斗”“一代宗師”的先父，可謂著述等身，功德完滿，古人講“立德、立功、立言”，大抵如此；而要看他作一個有血有肉的普通人、一位父親，我更願意去他的書畫裏、詩詞裏尋得真味。

先父自幼在家隨朱先生（係前清秀才）、席祝三先生和鈕仲蓮先生熟習舊學，七歲就讀《大學》，九歲習《古文觀止》等。其中，文辭尤得鈕仲蓮先生教導。同時還受其表兄孫鴻士的影響，喜歡讀詩詞，如《唐詩三百首》《白香詞譜箋》《絶妙好詞》等，幾年下來，居然背得出幾百首詩和詞。此期間，又入李醉石、趙叔孺、吴湖帆等先生門下學畫，傳統底子是頗爲扎實的。兼之過目古書畫極多，悉心揣摩，與師友相互切磋，宗承詩書畫印四絶一體的士大夫風格，雖不足以自成一家，其成就亦蔚爲可觀。所以，除了鑑定的“燃犀法眼”，時人所謂的“倚馬詩才”也並非空穴來風，但先父並不以詩才名世，因未特着力於此道而已。

整理、出版先父詩詞是我作爲人子一直以來的一個心願。此番，蔡淵迪君的工作對我而言，意義重大。蔡君曾就職於海寧徐邦達藝術館，接觸、整理先父詩詞稿件前後逾十年，工作量大且瑣碎，殊爲不易。然功夫不負有心人，此稿一成，對學界、對家人都是一份禮物，在此謝過。而且，蔡君在“整理説明”中對先父詩詞的意義和價值有精當的分析，“徐氏詩詞的史料價值是第一位的，文學價值在次”，實事求是、客觀合理，於我心有同焉，再謝！

我不諳詩道，但浸淫美學多年，故淺談一點儿對先父詩詞的印象。其一，中國傳統詩學注重比興，爲形式和情感之間搭建無形之橋梁，使得讀者可以感受到作者的意在言外，以獨特的審美情感去體悟作品裏的精神内涵。這也是先父詩作的一大特點。其二，清代樸學大師俞樾講“學古人詩，宜求其意義，勿獵其浮詞，徒作門面語”，先父詩作發乎心聲，不避艷科，不落言筌，亦爲特色。

徐邦達藝術館的章耀館長要我爲本書作序，言我是不二人選，我不敢推辭，只得慨然應允。子曰：“父在，觀其志；父没，觀其行；三年無改于父之道，可謂孝矣。”一直在想，什麽是先父之“道”呢？大概是“惟精惟一，允執厥中”吧！做人執中，做藝執中而已。

最後，借用朱家溍先生——先父在故宫博物院的老同事——常寫的一副對聯收筆：“契古風流春不老，懷人天氣日初長。”是爲序。

（題句出自本書《城西集》中《小病休沐題句破悶》）

徐書城

2017年5月9日於北京

（徐書城，字守之，號東齋。祖籍浙江海寧，1932年生於上海。著名書畫鑑定家、書畫家徐邦達先生之子。先後就讀於浙江大學西語系和北京大學歷史系（肄業）。曾任職於中國青年藝術劇院、北京京劇團、中國藝術研究院，從事中國畫、中國美術史及美學方面的研究。多次舉辦畫展，著有《藝術美之謎》《繪畫美學》《宋代繪畫史》《中國繪畫藝術史》《中國美術史·宋代卷》《美學卮言》等書。本篇序言經賈若先生整理）

整理説明

一

徐邦達先生（1911—2012），字孚尹，號李菴，别號心遠生、心遠居士，晚號蠖叟。原籍浙江海寧，生於上海，1950年轉居北京。生前以擅書畫、精鑑定名世，著述極豐，有《古書畫過眼要録》《古書畫僞訛考辨》等行世，曾任（北京）故宫博物院一級研究員。有關先生的詳細生平可參本書附録二所收《徐邦達自傳》及江成先生所撰《徐邦達》二文。此外，尹光華《徐邦達年譜》（附載浙江省海寧市徐邦達藝術館編《徐邦達書畫作品》後）於先生生平之鈎稽亦甚簡要。其他相關回憶、紀念之零星文獻所在多有，兹不贅述。

先生於書畫、鑑賞之外，亦擅詩詞。上世紀80年代，河南大學徵得全國詩詞名家作品八千餘首，從中精選出一千一百餘首編爲《五四以來詩詞選》，選入詩人四百餘位[①]，先生即名列其中。且該書體例，凡入選之詩人，每人至多五首；先生一人即入選四首，由此可見其詩詞造詣頗得專家肯定。

先生於自家詩詞亦甚措意，其《自傳》中坦言受陳定山熏

① 華鍾彦主編《五四以來詩詞選》前言第2頁，河南大學出版社1987年版。

陶，“得益不少”。1990年編印的《海寧藝苑人物》“徐邦達”專條稱：“有《李菴詩詞集》手稿，尚待選訂。”（該書第154頁）所謂“尚待選訂”的“李菴詩詞集”大約就是整理在本書中的《李菴詩草》與《李菴詞稿》。

“李菴”者，先生自號也。先生於民國三十七年（1948）至1949年間居上海嘉定縣，所居遍植李花，春來繁花似雪，遂以“李菴”顏其所居，並倩陸儼少爲作《李菴圖》[①]。此或是先生生平最爲自在愜意之時，是以庚寅（1950）後雖定居北京，“脆李繁枝”（先生所作《夢園招遊疁城即事》六絶句中語）已非目前，然猶形諸夢寐。1956年取舊作六首補繪《練川六景》長卷，并跋曰：“余於戊子歲移家練川，始與夢園諸子晨夕遊共，凡三載而襆被都門，江城舊事幾同夢寐。暇日偶取居練六絶句各補小圖，聯爲長卷，聊志鴻爪云爾。”[②]其繾綣之情，瀰漫行間。至1966年，又倩孫功炎作《李菴圖》[③]。凡此皆可見先生終生以“李菴”自號之故，其自爲詩詞稿以之命名，不亦宜乎？

《李菴詩草》有《螻曲集》《居練集》《北征集》《城西集》四子目，集内諸詩大體以時間排列，偶有一二首爲録舊作者。

《螻曲集》所收者皆爲民國三十六年丁亥（1947）一年之

---

① 徐氏《自題〈李菴圖〉》有“半畝荒園雪，三春玉李花”句。又《春盡偶賦四章》之二謂“惆悵江城一畝雪”，自注曰：“練城舊居多白李花。”並參尹光華《徐邦達先生年表》“一九四八年”條。

② 北京匡時2011秋拍·近現代書畫專場第537號拍品。“戊子歲”原作“戊寅歲”，蓋徐氏一時誤記干支，今改。

③ 參徐氏《江城子·乞玄常作〈李菴圖〉》詞。

詩。彼時徐氏居上海，因畫室窄小，故以“螻”名之，遂以名集。

《居練集》始於民國三十七年戊子（1948）秋，迄於庚寅（1950）秋杪。“居練”者，居於練川也。練川乃嘉定縣之古稱，此時徐氏居於嘉定，故集名如此。

《北征集》始庚寅初冬，迄壬辰（1952），因徐氏於庚寅初冬由上海北上至京，故稱“北征”。

《城西集》起癸巳（1953）春，筆者所見《城西集》影印稿似有闕佚，故該集迄於何時尚難質言，以所見而言（下凡論及《城西集》《李菴詩草》，皆以所見者而言，不再説明），則迄於乙巳（1965）也。徐氏於“癸巳春卜居京城西掖”[①]，遂以之名集。

以上四集時間上前後相續，大抵起自1947年，迄於1965年。各集收詩多寡不一，最少者爲《北征集》，僅收十題十三首；最多者爲《城西集》，收七十六題一百三十三首。另《螻曲集》收二十九題四十首，《居練集》收四十二題五十九首。總計《李菴詩草》收詩一百五十七題二百四十五首。

《李菴詞稿》未再分細目，共收詞五十七題五十八闋[②]。各詞大約仍按時間排列，以徐氏自注明者而言，最早者爲《浪淘

①《李菴詩草・城西集》徐氏自識。

② 詞集之統計一般稱“多少調多少闋”，然徐氏詞集既不以調名排列，自不必再統計其詞調數。此處所謂“題”者，指同調並且同時之創作。以下統計詞數皆用此例。《李菴詞稿》中唯《憶江南》一題下有二首（另有《江南好》一闋，雖與《憶江南》爲同調，然與前者非同時創作），其餘皆一題一首。

沙・乙酉除夕和晨叟韻》，最晚者爲詞稿最後一首《糖多令・偶經舊時門巷作，丙午夏》，乙酉爲1945年，丙午爲1966年。在《浪淘沙・乙酉除夕和晨叟韻》前尚有詞十七闋。然則《詞稿》之起始時間當遠早於《詩稿》，結束時間則與《詩稿》大致相當。

此次整理、彙編先生詩詞，即以上述《李菴詩草》《詞稿》爲基礎，復從各方面努力搜求，輯補得詩二百題二百八十一首（其中一題僅有詩題而佚其詩，一題數首者則甚多），詞八十四題八十七闋，皆是不見於《詩草》《詞稿》的，大多是先生晚年所作，從創作時間上來説，正可爲《詩草》《詞稿》之續。

通計此次整理得先生詩三百五十七題五百二十六首，詞一百四十一題一百四十五首。從數量上來説，已頗爲可觀。

出於以下三個原因，我們捨棄了《李菴詩草》《李菴詞稿》的舊名，而將此次整理所得先生之詩詞總題曰“徐邦達詩詞集”：第一，此次整理，我們輯補的部分，無論詩或是詞，在數量上都超過了《詩草》《詞稿》所收。第二，先生之彙録詩詞，且至死而未删定行世者，蓋爲文章傳世計，我們此次整理先生詩詞，更着重於其中的史料價值，以詩存人，以詩存事（詳下）。是以不僅手稿中明確删削的詩詞我們仍然努力録出（之所以説“努力”，是因爲删削的詩詞往往塗抹難辨），乃所輯補的數百首詩詞中更多晚年率爾酬應之作。這與先生彙録詩詞之初衷或已不符，故使集名與舊名相異，以示區别。第三，既然更看重這些詩詞的史料價值，徑以先生之姓名冠集亦較醒豁直白，更合於現代學術規範。

二

今整理所得先生詩五百餘首、詞百四十餘首，對於了解先生之生平、交遊，補充近世藝林掌故，查考部分古書畫之流傳等皆不無裨益，而詩詞本身亦有極可愛者，兹分述如下。

先生之生平，世人所熟知者厥爲鑑定家、爲書畫家、爲學者、爲詩人等等，實則除了這些方面之外，先生還是一風流情種。這一方面，很難見諸其他文獻，先生的門生弟子或不能知之，或知之亦爲尊者諱，不便多説，同輩中偶爾有道及者，如陳定山之於《春申舊聞》，陳巨來之於《安持人物瑣憶》，然亦不過一鱗半爪，不成片段。現在得讀先生詩詞，遂使先生這一方面的形象豐滿起來。集中以“無題”爲題者即有七首。自李商隱創爲無題詩之例，“無題”之題皆用以叙寫難言之隱，往往是閨闈之事。先生這些無題詩更幾乎無一例外都是寫男女私情，詩旨顯白。而《李菴詞稿》前半部分更多言情之作，如《眼兒媚》（春歸三月雨兼風）、《清平樂》（嬌春不語）、《南歌子》（舞困抛金扇）等皆是，若《意難忘》下半闋云“尋别巷、轉凄涼。任樹老苔荒。最是伊、重來映面，誤了崔郎”，真是悱惻纏綿之極矣。

先生早歲在上海，除了孜孜於藝事之外，在十里洋場中，在他所交往的那個圈子裏，確曾有過一段裘馬輕狂的放浪生活。這在《見季寧復談陸沁範往事感賦》一詩中寫得極爲生動傳神：

昔我年少無賴劇，東吴陸子最能匹。要來長安有狎邪，千場縱博梟怒叱。强鬬酒兵君遁逃，餐霞我亦難主客。往往子夜神能王，劇譚不聞雞鳴白。輿酣屏風狀美人，美人顔色唤真真。迎歸錦帳芙容暖，髮光可鑑昜消魂。

這種“無賴劇”的生活大約曾一度被某種强大的力量嚴格禁止，所以，接着寫道：“可憐三百六十日，琉璃更脆彩雲滅。天帝一怒别離遥，黄姑織女淚終朝。”然而，待風頭一過，重得自由之後（即詩中所謂“出關”），依然故我，甚至變本加厲：“相隨按拍趁鸞弓，宫女如花輕風倚。總自春蠶到死癡，綢繆那再燕啣泥。”

先生對於早歲這段頗顯荒唐的經歷其實並不諱言，晚年在《詞學》第四輯上發表了一首《賀新凉·七十自述》，其上片有兩句謂：“非俠非儒能慷慨，絲竹中年猶記。”所謂“慷慨”，所謂“絲竹”，實即指早歲的詩酒徵逐。

讓人驚訝或者乾脆説羡慕的是，先生這顆風流之心一直保持到了晚年。集中有一九七九年寫下的《無題》一首，詩曰：

綺席華燈此夜中，蓬山莫道見仙容。芙蓉繡縟包香玉，琥珀春濃染素龐。有意無窺佯默默，通情密握恨匆匆。袷衣堪倚闌干角，缺月憐人故滯東。

詩中所慕戀的主人公我不能知，但這首詩也太生動了，“芙蓉繡縟包香玉，琥珀春濃染素龐”着實讓人浮想聯翩。彼時先生虛齡六十九，居然猶對座中之玉人“有意無窺佯默默，通情密握恨匆匆”，如此靦腆，如此心切，真是讓人絶倒。

綜觀先生的詩詞，可知先生對於早歲在十里洋場那一時期的生活，其感情可以説是很複雜的，既自負，又悔愧；既自笑，又傷懷。自負的是“千場縱博”“强鬬酒兵”那般豪宕之氣近乎於“俠”，决非一般猥瑣鄉愿所能；有悔愧，那是儒家的教養畢竟深入先生心中，至老而愈顯；自笑的是少年輕狂，而傷懷的則是時光流逝，盛年不再。

我們今天讀先生的詩詞，更不必諱言這些事實了，這都無損於先生之光輝成就，反而可使先生的形象更爲豐滿，更爲可愛。這也是詩詞這種私密性質的寫作所獨具的魅力。

從這些詩詞中，我們又能看到先生的廣闊交遊。先生早歲居滬，四十後北上居京，所居皆通都大邑，加之以一身兼鑑定家、書畫家、學者、詩人、紈綺公子諸身份，故交遊特廣。所交以書畫家、詩人爲主。集中與陸儼少、孫祖白（此二人是畫家）、張伯駒、周汝昌（此二人是詩人）諸人唱和之詩斑斑具在，其文獻之價值讀者自能領略，不必多説。

讀先生之詩詞，還能見到一些出人意外的交遊。如丘瓊蓀，過去我知其是研究詞樂的專家，有《燕樂探微》專著出版，真未想到竟然與徐老先生曾相交契。再比如，貴遊公子之爲梨園票友，這在近代很平常，但讀到《憶哭王瑶卿先生六章》《念奴嬌·題自畫〈留香館圖〉》纔知道先生與京劇名伶王瑶卿、荀慧生的交誼居然是那樣的深。此外，先生所交還不乏政要富商，於先生詩詞中屢見，不遑多引。先生交遊之廣，確實讓人驚訝了。

讀先生之詩詞，除了有助於了解先生之生平、交遊外，還能增益有關近世藝林掌故的新知，補充文獻之不足。比如集中長詩如《曼陀入蜀十年，近忽致書存問，詩以答之，藉見情况也》《一九六一年十一月歸申江故里，邂逅秋甸黄兄，歡然話舊，因及一時緑猗社諸畫友，爲作長謌紀之，他日可續〈海上墨林〉也》兩首，篇幅既長，故實又多，且先生又皆自注諸故實本末，是以極爲翔實，實在是研究近代海上畫壇的重要資料，所謂“他日可續《海上墨林》”，誠不誣也。

先生晚歲在京與張伯駒、周汝昌等交遊，迭相唱和。每到春來，張伯駒都會招邀朋侣至京西暘臺山下遼代古刹大覺寺看杏花，每回遊賞大抵皆有詩詞酬唱，極一時之風雅。這些酬唱的詩詞，有人説“因没有人留意收集保存，都隨暘臺的山風飄散了”[①]，其實不然。今整理先生詩詞，就發現這些有關大覺寺遊春賞花的詩詞大多完好地保存下來了（見補詞部分的《滿庭芳》[十里脂霞]，另有周篤文一首收於附録二中）。

① 林遥《大覺有情》，林氏著《明月前身》第107頁，北方文藝出版社2018年版。

1977年3月，劉海粟八二壽辰，羅忼烈填《水調歌頭》一闋以壽，當時步韻者甚衆，據袁志煌、陳祖恩編著《劉海粟年譜》，“有張伯駒、黄君坦、周汝昌、朱復戡、陳兼與、李寶森、楊通誼等”[①]，實則先生亦有和詞，現亦輯在補詞部分。

又，孫鴻士之名在吴湖帆《佞宋詞痕》中屢屢出現[②]，此前人們對此人之生平知之甚少。今讀先生詩詞，始知其爲先生表兄，集中與之酬唱之篇尤多，而孫氏之生平可概知矣（關於孫氏本末，我當別撰文詳論之）。

凡此種種，皆是先生之詩詞可補文獻闕佚者。他如《寄儼少》一詩中談及陸嘗“求長生久視之方”，《水龍吟·壽定山翁五十》提到陳定山嘗爲民國政要招邀，或爲參贊，或爲參謀而不就等等，皆有資於談助。

先生主要是鑑定家、書畫家，因此，集中多題畫詩，有題古畫者，有題同時人所畫者，有題自畫者。其中題古畫一項最有價值，可爲搜訪古畫提供綫索，爲鑑定古畫、考索古畫之流傳提供參考。如《城西集》中有《題吴威中畫〈獻歲佳卉圖〉》七絶二首，詩題下注曰“上有朱竹垞詩題”，下一首第二句又注曰“吴自題云‘圖獻歲之佳卉，療詩人之寒餓’”。而此二詩所題之原畫竟見於拍場（北京翰海2004秋拍·古代書畫專

① 袁志煌、陳祖恩編著《劉海粟年譜》第211頁，上海人民出版社1992年版。

②《佞宋詞痕》卷三有《思越人·孫鴻士雙山遊屐圖》，卷八有《氐州第一·次周清真韻爲孫鴻士〈粉香樓圖〉題辭》，卷十有《浣溪紗·趙飛燕玉印蜕本，孫鴻士屬題》，此外其卷首題辭亦有孫氏《高陽臺》一首，署名“孫成”，下鈐“鴻士”小印（分別見浙江人民美術出版社2019年影印本《佞宋詞痕》第118、334、404、15頁）。

場第 1731 號拍品），而詩中所紀朱氏、吴氏之題記在原圖中皆一一符合。粗略地將本集所提到的晚清以前之古畫列舉開來，至少有如下一些：林逋《自書詩卷》、蘇軾《洞庭春色賦、中山松醪賦合卷》、文徵明《仿李成寒林圖》、李流芳《秋林歸隱圖》、卞潤甫《爲王貞明作山水圖》、劉世儒《梅枝》、八大山人《雙雀圖》、顧媚《墨花卷》、吴振武《獻歲佳卉圖》、惲壽平《梅花》、石濤《白龍潭圖卷》、僧超揆《梧庭試茶圖》《静蔭圖》、馬荃《浣紗圖》、方亨咸《秋日山居圖》、李鱓《花卉册頁》、羅聘《摹董思翁〈鵲華秋色圖〉》《天寒雅集圖》《推篷墨梅圖》、戴熙《秋清落木圖》。然則，本集對於古書畫之鑑考，其意義也就顯然了。

以上所論，皆着眼於本集詩詞在史料方面的價值。至於從文學角度而言，先生這數百首詩詞亦極多可愛者。一一列舉賞析，既屬不能，亦無必要。此處僅説幾點，以提請讀者注意。

以體裁論，五百餘首詩可謂諸體皆備，一般的五七言律、絶、古體不必説，還偶見四言、六言、雜言者。論數量，則七絶占絶對之多數。論質量，爲數不多的幾首七言歌行大多都是上選，如上舉之《見季寧復談陸沁範往事感賦》，此外如《和東坡題〈煙江叠嶂圖〉韻》等皆好。詞的總體質量較詩爲高，《五四以來詩詞選》所選先生四首皆是詞而無一詩，或非偶然。

以題材論，先生之詠物詩殊有可愛者。歷來詠物詩講究切物並能切己，即既能體物細膩，又貴有所寄託，《北征集》最後一首《鴈》頗得其三昧。或者詠新事物而貴能有趣，則《海西學子贈咖啡，謝以此詩》一首詠咖啡，妙能得其神理並且有趣。

以情志論，集中慷慨悲涼之作如《與鴻士市肆小飲即酬前日賜詩》《憶定山》諸首最能動人。

以時代論，1945年至1955年、1975年至1985年這兩個十年可以説是先生詩詞創作的黄金時期。集中好詩好詞大多創作於此一時期。比如詞中諸長調，幾乎無一例外地都創作於這兩個十年中。

先生晚歲負盛名，南來北往，應酬特多，而先生又頗樂以詩詞應酬，這些詩詞大多無可觀，有時先生自己也知道是“詩甚不工，聊以見意而已”[①]的。對於這些篇章，讀者以史料視之可也。

總體而言，先生之詩詞有佳句、有妙思、有真情，佳作在在皆是，但謂其自立門户則未也。誠如先生自云，詩詞乃“業餘即興，偶吟自適而已”（見本書附録二《徐邦達自傳》）。以總體質量最佳的《李菴詞稿》來説，佳製甚多，然論其宗派門户，則時而周姜，時而蘇辛，時而如張玉田，時而又如柳三變，顯然是完全没有門户，没宗主的。是以論先生之詩詞，必以史料價值爲第一位，文學價值在次。事實上，近七十年來的舊體詩詞大多可作如是觀，時代使然耳。

---

① 見北京長風2008秋拍·中國近現代書畫（下）專場第445號拍品中之題款。該拍品即先生所書《一九八七年六一國際兒童節江蘇省藝文界群彦聚集金陵飯店六朝春佳麗廳，余適南游，喜陪末席，詩以張之》二詩。

三

先生詩詞之價值既略論之如上，下面談談本次的整理工作。

我之整理此集，純出於種種因緣際會。整理工作始於2006年。猶記那年夏秋之際，我以法科的專業背景，誤打誤撞地進了海寧市徐邦達藝術館工作。進館後即見到《李蓭詩草》《李蓭詞稿》的影印件，很快就着手對之進行整理。當時，這兩種影印件皆分訂數册，次序零亂，又不完整，而先生之字迹又正草雜出，不好辨認，於是就一邊録文、一邊逐漸釐正次第。彼時我學力甚薄弱，整理進度非常緩慢。2008年6月，我離開徐館，整理工作也就擱置下來。直到2016年四五月間，老領導章耀館長打電話來説，《西泠藝叢》要出一輯徐先生的專輯，希望我能提供點文章，那時我纔想起被擱起的詩詞整理工作，而此時我已完成碩博士階段的學習，在我現在所服務的單位工作兩年了，再續前緣等於是重起爐竈。也許是學有寸進的緣故吧，這次重起爐竈比我想象得順利很多，之前很多疑難的問題解決了。《詩草》和《詞稿》很快整理完畢，另外又從各方面粗略地輯補了一些《詩草》《詞稿》所未收的詩詞，然後就完成了一篇《徐邦達詩詞整理記》，發表在《西泠藝叢》總第二十期上。這篇《整理記》可以説是現在這個“整理前言”的先導和雛形，讀者可以參看。當然現在看來，裹面有不少胡説八道的地方，這個需要注意。很快，整理完畢的詩詞稿呈給徐老先生哲嗣徐書城先生審閲。書城先生閲後，即寫下序言一篇，備將來出版之用。時先生已八十餘高齡，着實令人感動，更是對我莫大的鼓舞。

爲了不負書城先生之期望，2017年暑假時，我借學校職工療休養的機會，將已整理的詩詞全部統稿一遍，預備出版。但接下，又由於種種原因，出版進程受阻，一度甚至放棄了出版的念頭。直到去年10月，遼海出版社聯繫到我，説希望出此集，我隨即與書城先生取得聯繫，獲得了書城先生及夫人來建政女士的大力支持，工作遂得以繼續。

我本來以爲，此集已整理得差不多了，稍加修飾便可付梓。誰想，在友人的提示下，始發現過去的整理在詩詞輯補方面實在遺漏太多。僅以“徐邦達”爲檢索詞，在某網絡數據庫上檢索到的信息就有七千多條。此外，我還檢索了先生的號“蔞叟”“李菴”“心遠生”，以及他人對先生之敬稱如“蔞老”等；從各類藝術網上檢得關於徐先生歷年的拍賣信息有三千多條。面對這如山似海的數據，我一度有點膽怯。最後還是下了死決心把這些數據全部刷一遍，一方面大海撈針，一方面删繁去複，最後又輯得一大批過去失收的詩詞，遂使最後我所補輯的詩詞的總量超過了《詩草》《詞稿》的總量。

這一總量的劇增也就意味着全書要重新統稿。然而，時間已到了己亥歲末、庚子年初了，新冠病毒肆虐全球。孩子無法去學校上學，我也無法去學校教書，只能一邊在網絡上授課，一邊陪孩子，等夜深人静了，纔能强打精神來做全書的統稿工作，直到今年3月底纔基本將全書整理完畢。整個整理工作時斷時繼地進行了十四年，我從二十四歲到三十八歲，人生最好的時光用力於此，寫到這兒，不免感慨係之。

現將我的整理工作和整理中碰到的一些問題總體説明如下。主要涉及釋文、輯補、校勘、編排、詩題、附録、注釋等七個方面。

（一）釋文。本集詩詞除極少數外，皆是從先生手迹釋録。《李菴詩草》《詞稿》無論已，即是輯補之詩詞也絶大部分從各種手稿、書法條幅、書畫題跋録釋而來。先生的行草書辨識起來本就有一定難度，這是一；《詩草》《詞稿》如其名稱所示，本是“草稿”，其中塗乙之處甚多，辨識困難，這是二；《詩草》《詞稿》因是草稿，故先生興之所致，不僅真草雜出，還偶有隸書、章草，特别是用章草書寫的部分，辨識尤難，這是三；詩詞稿所據者爲影印件，輯補之詩詞所據者爲各種圖片，個别影印不清、圖片模糊，也對録釋工作增加了困難，這是四。綜此四項，看似簡單的抄録工作實則相當不易。很多地方根本無法單據字形而録定。比如《見季寧復談陸沁範往事感賦》第一、二句“昔我年少無賴劇，東吴陸子最能匹”，“匹”原稿字形作“[illegible]”，最初我録成“正”字，後始悟此處當韻脚，作“正”則失韻。而就是這一字的誤釋，導致我對這整首詩意的理解都出現了偏差，前面講到的發表在《西泠藝叢》上的《徐邦達詩詞整理記》有胡説八道的地方，主要就是因爲這個理解偏差而産生。又如《閑庭二詠》第二首末句“飛去飛來只繞渠”，“渠”字原字形作“渠”，初釋作“梁”，“繞梁”一詞甚是常用，後來也發現這是韻脚位，作“梁”則失韻，且作“繞梁”，詩義亦不明，作“渠”則於音與義皆得矣。這兩例是正好在韻脚位置，還能靠音韻來判斷。若是在句中，則只能靠文義斷定了。《題骫骳樓呈儷少友契》中“芃芃長麻麥”一句，“芃”字原字形與“芄”無别，初即録作“芄”，後知其用《詩經·衛風·載馳》“我行其野，芃芃其麥”之字面。《飯飽偶題》一首“彈鋏真嗤齊食客”，“齊”字原稿在下方第二横處有塗抹，故初釋成“齋”字，復校時始定爲“齊”字，此句用《戰國策·齊策》馮諼客孟嘗君故事。《踏莎行·登今雪聖情樓爲題所藏横波墨花卷之後》中“水繪悠悠，絳雲渺渺。消魂舊侶如煙掃”句，“繪”字原字形作“绘”，我初釋作“給”，字形實在太像了。及三校之後，始知此必是“繪”字。此處“水繪”是指江蘇如皋的水繪園，明末冒辟疆與董小宛隱於此，此用以指代董小宛，下句“絳雲”是絳雲樓，用以指代柳如是，董、柳與此詞所詠之顧媚（號“横波夫人”）在明末同爲秦淮名妓，如此則下句“消魂舊侶”云云有着落矣。《憶江南》（彈指换）“寒柝一聲遥”之“柝”字，原稿字形確作“析”，以意定爲“柝”字，“寒柝”乃舊詩詞中習語，即所謂“寒夜刁斗”也。有時異文的比勘也有助於釋文，比如《水龍吟》（聽來舊曲無愁）一闋其中“停箏留盼”一句“留”字我原誤釋作“笛”，及見上海朵雲軒2019秋拍·近現代書畫專場第161號拍品亦書此詞，對應處作“溜”，始悟原釋之非。只可惜這種有異文可資比較的情况還是太少了。凡此種種，皆可知釋文之不易。雖然在這一方面，我已盡了最大努力，但還是有不少地方難以釋出（全不能釋出者以“□”表示），已釋出的恐怕也還存在着不少錯誤（已釋出然不甚確定者在相應字上加框），這只待高明者教正了。我一位在編輯圈裏頗有些名氣的老同學曾説，校勘古書，寧校十刻本，不校一稿本，信然。

先生手書中有一些字慣作異體字，與今日之用字習慣不同，這些字凡於文字上有理據者，一律照原稿字形録出，以示對作者手稿的尊重。如“烏鴉”的“鴉”大多寫作“雅”，“日暮”的“暮”大多寫作“莫”，“鬢髮”的“鬢”大多寫作“髩”，“鸚鵡”寫作“嬰武”，“刑天干戚”之“刑”寫作“形”等，皆照手迹字形，不作更改，讀者萬勿以錯字目之。

（二）輯補。《李菴詩草》《詞稿》以外的詩詞輯補主要來自以下五個方面：

1. 已印行的圖録和畫册，最主要的是滕芳、海波選編《徐邦達書法集》、浙江省海寧市徐邦達藝術館編《徐邦達書畫作品》（在書中分别簡稱《書法集》《書畫作品》）。另外如芷若編著《百年光華——徐邦達珍藏作品及藝術回顧》、徐書城著《徐書城畫集》等等皆有一二採獲。

2. 徐書城先生第一次提供之徐老寫成條幅的詩詞（書中簡稱“徐書城供稿”），一共26張圖片。這批圖片先是交到章耀館長手上，章館長即於上面隨機統編了26個流水號。編號雖然隨機，却成爲我整理這批詩詞的基礎，本書中凡引稱“徐書城供稿第某號”者皆就章館長編定的這26個流水號而言。需要説明的是，其中有二件（第24、25號）乃徐老書古人成句以題畫者，一書秦觀《滿庭芳》（天黏衰草）末句，一書范仲淹《蘇幕遮》原篇，其於詩詞整理肯定是無價值的。第1、26號是從《徐書城畫集》印下（在《畫集》第4–5、33頁）。其餘22號皆從徐老原作拍照印出。這其中，又有第6、14、22號已收印於《徐邦達書法集》或《徐邦達書畫作品》，或兩者兼收，第8、9號已見於《李蓭詞稿》，第15號《題蠖室》已見於《李蓭詩草》。這些詩詞雖與已知者複出，但字句偶有異同，故仍有校勘上之價值。除此以外，皆是此前我未見過者，其中不乏極具價值者。如第18號《聆露布十月六日事喜心翻倒有作》，乃是1976年粉碎“四人幫”的史詩，更可貴者，該詩之後，還附有張伯駒親筆書寫的和詩《詠十月六日事和李蓭詞兄》（張和詩現已録在徐詩後）。

3. 徐書城先生第二次提供之徐老硬筆稿件（書中稱簡“硬筆稿”）。這批稿件全是徐老在上世紀70年代末80年代初寫給周汝昌的，其影印圖片由書城先生的夫人來建政女士直接交給我，經我整理後，刪去重複，一共有圖片41張，其中6張並無詩詞，甚餘35張我按照其文獻的獨立性、完整性統編爲23個流水號，本書中凡引爲“硬筆稿第某號”者皆指這23個流水號。其中第8、第12兩號皆有殘缺。這23號手稿上的詩詞除最後一號《高陽臺・遊瀋陽後金舊殿還謁東北二陵有作》外，其他全是過去我未見過的，其中《丙辰感興詩二十首》乃由20首七絶組成的大型組詩，全紀粉碎“四人幫”後的事實，堪稱詩史；詞則多有《念奴嬌》《金縷曲》《賀新郎》這樣的長調，總體上價值很大。

4. 拍賣市場歷年所見先生書畫、文稿拍品，主要通過某些藝術網檢索而得。見於拍場的先生書畫作品真僞雜出，有些僞作即使是我這個書畫鑑定的門外漢都一望即知其僞，但就詩詞輯録而言，作品僞未必是詩僞；有些作品真，但也許是先生抄録前人所作而未説明；當然，抄録前人詩詞的僞作更多。總之，就輯録詩詞而言頗有難度。有些詩篇，我們可以從題跋或詩文詞文本身斷定乃先生所作，有些詩篇則頗爲存疑。如我一度曾録香港淳浩 2019 夏拍・中國書畫專場第 366 號拍品輯録《憶金陵舊遊》一詩，詩曰：“曾作金陵爛漫遊，北歸塵土變衣裘。芰荷聲裏孤舟雨，卧入江南第一州。”整個詩意與先生生平、遊蹤皆相符合。及見北京明珠雙龍國際 2007 春拍・古今中國書畫專場第 471 號拍品，則於作品中明確説明這是“張文潜詩”，就是北宋蘇門四學士之一的張耒之詩。我雖處處小心，對所輯録的作品都作了檢索，但難保還有把他人之詩當成了先生之詩加以輯録的地方，這也是需要提請讀者注意的。此外，受到拍賣公司所提供圖片的限制，這方面的輯録工作還是有些遺憾。比如浙江皓翰國際 2003 秋拍・書畫專場第 326 號拍品乃近世畫家溥佺所畫《風竹圖》，上有先生題詩，且明確是先生所作，然所見圖片太模糊，只能完整辨認出其第一句“雨葉風梢如護持”。又如《到曲阜謁孔子廟堂，時正重新廟貌，整飭殿堂，又觀魯壁，謹題二章》七絶二首，先生書爲一條幅，該條幅在拍場中出現過不止一次，然所見圖片却全都印失第一行，遂使第一首佚去首二句。又，北京華夏藏珍2011秋拍·中國近現當代名人墨迹專場第3336號拍品乃寫於緑色方格紙上的硬筆稿，據拍品介紹，共有六頁，總題“李菴題書畫詩詞”，然圖録只能見其第一頁，該頁所書即録在本書的《念奴嬌·題自畫〈留香館圖〉》。這些遺憾只能有待他日彌補了。這裏還要特别聲明一點，正因爲如上所述，詩詞真不一定書畫真，所以，本集輯録諸先生的詩詞作品乃出於純粹之學術目的，我們絶不保證我們所根據的那些拍品就一定是先生真迹。

5. 通過網絡數據庫檢索而得的其他散佚篇章。這些篇章我都一一尋得原書進行了核對。

此外，還有一些零星詩篇則得自師友之鼎力相助。如1982所作之《題金冬心畫梅詩》乃章耀館長提供手迹照片；《水龍吟·壽定山翁五十》一詞發表在《申報》上的異本乃之遠先生提示，又得北大圖書館吴冕先生提供清晰之《申報》圖片，得以録出很多有價值的異文，並録出陳定山之和詩。師友們這些恩惠，我都銘感於心，此處深表謝忱。

所有輯補的詩詞皆詳注其來源，若同一詩詞有不同寫本者，亦各注明不同版本的來源，以便讀者查核。多聚異本，不是無聊炫博，更不是湊字數，實在是很多異文是有價值的。假如不同的寫本了無異文，那就不再繁稱博引，備録出處了，畢竟我們的重點是文獻，而不是書畫作品。

（三）校勘。凡有詩詞有不同寫本者，且不同寫本間有異同者，必備列諸本，校出異文。《李菴詩草》《詞稿》原有塗乙修改，凡能辨識出被塗去之字迹，亦作校記，前人之貴手稿者，正可見其修改痕迹也。

（四）編排。《李菴詩草》《詞稿》原皆是編年排列。因此補詩、補詞部分亦皆按時間排列。不能考知寫作時間者，則排在最後。輯補之詩詞凡能確考年份者，皆於詩題下用“〖 〗”號標注公曆年份。很多詩詞的創作時間往往根據原作的題款時間確定，並在詩下注明原款如何。之所以要注明原款，是因爲書寫時間與創作時間是兩回事。有時題款會標明是“某年作”，那應該就是創作時間；有時題款則作“某年書舊作”，這也没有問題，就是這種情況下的書寫時間肯定不是創作時間；最麻煩的是單作“某年書”者，這種情況最難確定所書之詩詞究竟是否爲該年所作。不過，後面兩種情況下的書寫時間至少可以標定詩詞創作的時間下限。有些列入未編年部分的詩詞也許並不難考訂其創作時間，但如果逐一去細考，必定會拖延本集跟讀者見面的時間，故而乾脆留待讀者自行判斷。

（五）詩題。輯補的詩詞，其原來的形態主要是書法作品或是題畫詩，它們很多往往没有題目。有些作品的落款完全可以拿來當詩題，便徑將其録成詩題，有些則需要略加改動，凡據原款而略加改動的，都會加注説明。有些不知題目者，若能據詩意或其他方面擬題者，我們予以擬出並加注説明；若無法擬出者，則一律標爲“失題”。請注意“失題”與“無題”的區别。上文已説過“無題”是一種特殊的題目，集中凡稱“無題”者皆是徐老原來自己的標題，“失題”纔是整理者擬出的。

如果原款特長者，我們會酌情將其處理爲相應詩詞的小序。有些原款既不能作詩題，亦不能作小序，但對於詩詞之理解有參考價值者，則亦録於對應詩詞之後，以省閱讀、研究者翻檢之勞。

一題數首者，在《詩草》《詞稿》中有時會在詩題中講明，有時不講明。講明首數的又分三種情況：一是首數出現在題目中間，二是在題目末尾，三是以小注注在詩題之下。後面兩種情況，我們整理時作了統一，皆統一成第三種形式；第一種情形則不加改動；明明有數首，原先又未講明者，我們也以上述第三種形式在詩題下括注首數。爲防整理出錯，凡是我們補出首數的地方也都加脚注説明。

至於有些詩題作“某某一首”，“一首”二字我們徑予删去，並於脚注説明。

（六）附録。本詩詞集附録兩種：附録一收與先生相酬唱和之詩詞，這是整理舊體詩詞集的題中應有之義，當然，這些酬唱詩詞的輯録不可能没有遺漏，則待讀者自行去補了；附録二收先生傳記資料二種，一是先生的自傳，一是署名“江成”的《徐邦達》一文，皆爲知人論世之助。兩種傳記皆是上世紀80年代出版的，如今都不太容易見到了。選入先生自傳的理由不必説。選入後面一篇，原因有二：該文原載海寧市政協文史資料委員會編之《當代海寧人》，該書本非公開出版物，時隔三十餘年後的今天更難找到，今附於本書之末乃保存文獻之微旨，這是一；從文章本身來看，該文很明顯是根據第一手材料寫出來的，所謂“第一手材料”，是指這篇傳記所根據的材料必是徐先生本人親自提供的，這一點讀者讀完自能判斷，故亦彌足珍貴，這是二。

（七）注釋。整理是集之初衷本不欲加注釋，後應友朋之請，酌加注釋。今所注者亦皆從簡，基本是只注“本事”而不注“典故”。比如《滿庭芳》（十里脂霞）中“三中耆舊，片玉清標”一句，“三中”乃用北宋詞人張先故事來切張伯駒，片玉乃借周邦彥指周篤文，這些舊詩慣用之手段皆不出注。如果這些地方都注的話，本書之規模將翻上一兩倍，而其面世之時間又將一拖再拖，實無必要。即使所注之“本事”，即與詩詞有關之當事人，亦注得極簡，大多是提示性質的，比如《疁城西關與瓊公、夢園步月，歸後賦此，時戊子中秋也》一詩，指出“疁城”指上海嘉定縣，“瓊公”是丘瓊蓀，“夢園”是孫祖白，這就够了，讀者欲知其詳，完全可以根據我們的提示，自行去查找資料。這個時代解決問題也許比提出問題更加容易，因此，完全没有必要繁徵博引，故作嚴謹科，既耗日力，又占篇幅，實不上算。

形式上，注釋與校勘意見、詩題説明等不作分别。《李菴詩草》《詞稿》中各種注釋，以及輯補之詩詞各種注釋、説明皆以脚注形式出之，以保持原稿之完整性也。

先生晚歲好友、著名紅學家周汝昌曾有贈先生句云：“鑑書觀畫總燃犀，倚馬詩才世未知。”（見本書附録一）相信本集出版後，可使先生的“倚馬詩才”爲世人所知了。怕只怕現在整理成的集子裏還是有很多錯誤，那是要我負責的；諸般誤處若得讀此書者不吝指正，是則我幸甚，邦達先生幸甚矣。

李菴詩草

蠖曲集 始丁亥（一九四七年）春。余題畫室曰“蠖”，形其窄小也，亦志此集

題蠖室[①] 大觀堂東廡小室在第三層樓上，室面鬧市，余日臨其中數載

蠖室窮年輸欠伸，殘牋丹碧灑風塵。支公有馬憐神駿，陶令無絃笑率真。虛白終知心地遠，喧闐莫厭市潮嗔。暝牕籠手千家火，惻惻輕寒過半春。

林今雪以橫波墨花臨稿見示屬賦[②]

花月秦淮付一丘，美人香草足風流。而今重見林今雪，淡淡橫波筆底留。

題做雲林平遠[③]

平生畏學朱陽館，護短何嗤白石翁[④]。亂叠雲山秋色遠，空

---

① 此詩先生於壬午（2002）三月嘗書之，後跋曰：“此詩余在申江中國畫苑中所作，匆匆已五十年矣，壬午三月偶書於京華寓次。”見徐書城供稿第15號。

② 林今雪：民國時上海名妓，後爲梁鴻志箍室，擅畫。

③ 此詩所題之原畫見浙江長樂2019秋拍·中國書畫藝術品專場第298號拍品。

④ 朱陽館是倪瓚，白石翁指沈周。又，“嗤”字後改，原作“慚”。

林雨過沐清風。

爲黃昭學醫士畫秋山

海隅炎蒸似五巒，蝸居三月意闌珊。嗜邕笑煞黃醫士，教畫華原岌嶪山。

見季寧復談陸沁範往事感賦[①] 丁亥春暮

昔我年少無賴劇，東吴陸子最能匹。要來長安有狎邪，千場縱博梟怒叱。强鬬酒兵君遁逃，餐霞我亦難主客。往往子夜神能王，劇譚不聞雞鳴白。興酣屏風狀美人，美人顔色唤真真。迎歸錦帳芙容暖，髮光可鑑易消魂。可憐三百六十日，琉璃更脆彩雲滅。天帝一怒别離遥，黄姑織女淚終朝。清凉讚佛依稀是，不費騷人發興謡。蘇晉終異吾輩事，出關禪關也。要祓清愁味。相隨按拍趁鑾弓，宫女如花輕風倚。總自春蠶到死癡，綢繆那再燕啣泥。篋裏借還京兆筆，重依畫禪最此時。從行説有季子復，筆力頗能追探微。季子季子相見歡，十年豈知再面艱。崎嶇九折妖霧塞，幸覩蚩尤消冥頑。握手相看魂初定，西遊問自多奇興。新圖羅列括目驚，前無馬夏孰與勝？永悲小陸化金玉，不復潤飾添樵逕。我吟季子且勿哀，千秋一筆

---

① 季寧復，名康，浙江慈溪人，1913年生，先居上海，後渡海至臺灣，嘗任文化學院美術系教授。陸沁範，與徐氏同爲梅景書屋弟子。

君重來。只餘橋下驚鴻影，終古同情寸寸灰。

辛夷 蠖室檻下[1]

小檻晴光二月春，辛夷爛熳漸沾塵。也知花事江南早，趁著遊蜂惱殺人。

題畫竹枝 二首

葉葉紙窓前，春風舞嫋娜。快剪一枝來，不識文與可。
仙人青鳳尾，偶向白雲端。我欲棄之去，瓊樓高處寒。

偃竹

偃抑不因五斗，迎來佳客情酣。千載子猷何處，清風招我成三。

贈李薔華、薇華二謌者，時將去白門[2] 二首

桃葉桃根惜渡江，西州歌舞美無雙。二姝得名於蓉、渝。歸帆一卸情何暫，別席愁儂自度腔。

---

① 此詩《書畫作品》圖57亦有，題作“江南花事絶句一首”。
② 李薔華、薇華皆京剧名伶，二人皆生於1929年。

十年離亂綺懷消，一醉還傾雛鳳嬌。莫折長條春易盡，白門煙水夢中遥。

紅蓮一首有贈

雲開曉色見容光，膚膩燕支别有香。不嫁東風隨桃李，亭亭顧影立銀塘。

曼陀入蜀十年，近忽致書存問，詩以答之，藉見情况也[①] 丙戌舊作

故人在天末，空中一紙書。上言長相思，下言交會疏。憶君辭鄉國，倉惶虜初逼。十年剪鯨鯢，荆榛猶道塞。曰歸不得歸，東望長戲欷。問我平生親，推遷事總非。椿蔭彫白日，先父棄養。絶筆何瞻依。趙叔師溘逝[②]。五載笑鄒葉，仁淵、元卿[③]。芳華並散飛。痛無老成人，典型亦已稀。逸才推繪苑，藍田吾所希。季遷[④]。京華騎馬客，抵掌願與違。素髮潘安仁，子燮[⑤]。錙

---

① 曼陀，即畫家鄭曼陀（1888—1961），始創月份牌畫者，長徐邦達二十餘歲。

② 趙叔師，即趙時棡（1874—1945），字叔孺，徐邦達嘗拜其爲師。

③ 鄒仁淵，字澄園，江蘇無錫人，梅景書屋入室弟子；葉元卿，蓋彼時海上篆刻家，後徐氏所作緑猗社長歌中，與葉潞淵同稱“東山二葉”。

④ 王季遷（1906—2003），著名收藏家，亦爲梅景書屋弟子行，後居美國。

⑤ 潘子燮，1908年生，蓋亦梅景書屋中弟子。

銖心力腓。差復孫郎小亭。俊[①]，二喬貯錦幃。嗟我蒲柳弱，望秋幸不落。時堪酌大匏，聊此塵襟拓。浩歌奮逸響，中年陶哀樂。幻輿丘壑志，卧遊情索莫。還當邛竹杖，平生名山約。五岳固已壯，巴岷自磊硌。尋公錦江湄，相携一盤薄。直道泰階平，莫作杜陵惡。

獨酌憶孫大表兄[②] 丁亥秋初

空堂新雨後，暑氣逐沈消。閑我足生理，思君正鬱陶。玄蟬曳殘噪，綠螘過中焦。况復秋期近，小山當見招。

又寄孫大

渭陽更爾接情親，亂後相悲各保身。鄉里馬遊仍欸段，山河王粲獨逡巡。當秋白日蒸肌毒，遒歲斑絲上鬢新。幸得一桮猶在手，空堂夜雨屬懷人。君亦好飲。

① 孫小亭，後《城西集》中《海上綠猗社長歌》稱“鄒（仁淵）陸（沁範）孫（小亭）屠（銑一）短命死”。

② 此孫大表兄當是孫鴻士，鴻士名成，據後《哭鴻老四章》及《應天長·奉酬鴻士〈五十感懷〉之作以爲壽》，孫大約生於清光緒廿二年（1896），卒於1962年。

題畫

畫筆詩情入莽蒼，不師李杜不倪黄。秋心一片寒雲外，雁叫連天白草荒。

戲定山翁[①]

五十風流簡齋老[②]，緑裳丹臉賦花枝。即今一樹門前見，爲問金鈴繫可遲。

登舊日本使館西樓放歌追樂賦此絶句

高樓此日意鮮新，急管繁絲欲動塵。不是錦城半天上，中興鼓吹要閑身。

---

① 定山翁，即陳定山（1897—1987），名蘧，字蝶野、小蝶，後改字定山，杭州人，久居上海，後渡海至臺以終。

② “簡齋”指南宋著名詩人陳與義，此指陳定山，因同姓故也。

遊武林南山，越滿覺壠、風篁嶺，經十八灘而歸，同行者孫子夢園[①] 丁亥中秋

一日行程十八灘，青鞵布韈不辭艱。出山底有奔流急，脱俗能無逸士閑。隴桂飄殘秋寂壢，風篁遮暗路灣環。多君勝具便登涉，晚約湖頭却掃關。孫有小隱湖上之約云。

題秦子奇如意竹[②]

危枝不改風霜節，謙抑從知稱道心。醉後更能如意舞，故應山阮與同尋。

無題 二首

笑頰藏春兩點渦，華燈特地映雲羅。風懷投老年年惡，不奈柔情半字歌。

青衫況是十年心，玉指金琶托意深。綺閣縱憐消往事，秋娘猶作夢中尋[③]。

---

① 孫子夢園當是孫祖勃（亦作“祖白”），祖勃號夢園。

② 秦子奇，浙江慈溪人，久居上海，以畫竹名，曾於1948年出版《秦子奇畫竹》一册，前有陳定山序，略及其生平。

③“秋”字後改，原作“謝”。

與鴻士市肆小飲即酬前日賜詩[①]

小市春燈又一桮，去春嘗飲於此肆。百年容易共低徊。憂時罵座知民意，鄰座有慷慨論時事者。投老題詩見子才。已分薦冰寒更峭，空歡洗甲刧成灰。支離雀骨風花暗，嘔盡心肝只自摧。

陸儼少爲寫余《心遠草堂圖》，率賦書後[②] 二首

清壑高松野色和，從君小筆搆層阿。緇塵不作南山夢，許我從容著芰荷。

著書窮巷無車馬，漸老風沙意亦安。終愛東西成舊約，草堂署向白雲端。儼少前約上柏山中同隱居[③]。

夢園招遊疁城即事[④] 六首 丁亥春

脆李繁枝雪數弓，邨翁解得説雞蟲[⑤]。橫溪短彴通微路，山鳥前呼隔幾叢。西城隈花林。

---

① 鴻士，即孫鴻士。

② 陸儼少（1909—1993），近世著名畫家，擅山水。

③ 上柏山在浙北莫干山以西十餘公里，參《陸儼少自叙》第30頁，上海書畫出版社1986年版。

④ 疁城，即今上海嘉定區。

⑤“翁”字後改，原作“嫗”，蓋此處需用平聲字。

纔買新松小叠山，就携春榼未知還。真應好客何辭飲，却被花枝笑酒顏。飲金氏新築園亭。

朱藤倚樹摇空碧，二月初芽漸上枝。恰愛夭音歪。斜臨曲水，風鬟泥我立多時。啓良學校後池上。

故家喬木小山堂，亂竹森森壓壞牆[①]。已見空梁歸燕子，到來負手盡斜陽。秦氏廢園。

擬醉無歸客主諧，半窓月色静嚴街。何妨竟下陳蕃榻，十日平原更自佳。夢園宅夜宿，夢公好飲，故末句云云。

葉池凝碧謁千秋，放眼蒼茫牧豎遊。一帶高城圍暝色，清笳收拾古今愁。葉池爲明季侯通政峒曾殉難處[②]。

賞春 二首

都説春風處處同，牡丹京洛已嬌紅。江南亦有花枝豔，隨賞園林一兩叢。

刺桐綴得紫芽新，小雀翻枝也愛春。那惜風懷支酒力，還能騎馬踏芳塵。

---

①“壞”字後改，原作“古”。

② 侯峒曾，明天啓五年（1625）進士，弘光元年（1645）抗清失敗投水殉難。案：1956年至1958年，徐氏曾以此六絶句補畫《練川小景》六幀（圖見北京匡時2011秋拍·近現代書畫專場第537號拍品），所題之六詩與此略有異文。畫中以上六詩詩題分别作：（1）西城隈花林；（2）金園；（3）珠藤在啓良園池；（4）秦園小山堂；（5）夢園醉宿；（6）葉池，明侯同曾殉難處。六詩次第亦不同此處，作（1）（3）（2）（6）（4）（5）之次。第（2）首“朱藤倚樹遥空碧”畫中作“珠藤倚樹裊晴絲”，第（5）首後二句作“何當更下陳蕃榻，十日平也更自佳”。

練川卜隱[1]

野水荒城外，環區太古初。曳船平淺瀨，放犢掛奇書。青李來禽熟，丹邱黄雀舒。何時成拙政，寂寞愛吾廬。

寄儼少

百里殘墟屋，蓬蒿想像間。不成同入洛[2]，待約與遊山。世業青氈敝，秋容老圃閒。臨風鴻雁盡，所得是愁顔。

衣萍索畫，餉余盒餳，詩以紀之

吮苦霜毫口自嫌，待徵畫債與詩兼。山陰不費籠鵝换，正喜柔餳一味甜。

題馬女史畫《浣紗圖》

不逐春風羅綺場，莫愁未嫁越溪粧。遥岑秋水無尋處，山

---

① 練川，在今上海嘉定區。

② “洛”字後改，原作“蜀”。“同入蜀”云云易解，陸儼少在抗戰中嘗西入蜀中避難；改成“同入洛”當是用西晉陸機、陸雲兄弟至洛陽出仕司馬氏之典故，於此詩中含義反不易索解。

谷詞："秋水遥岑，粧淡情深。"畫人詞心有馬香。馬荃，字江香。

有贈故友

使君傾蓋少時鄰，萬里封侯現在身。日莫江山一舉手，春繁花絮亂隨人。德公從不枉州府，子敬由來指廩囷。此後荒街勤吏過，白衣無慚舊情親。

憶曼陀蜀中 二首 用簡齋韻 丁亥秋

畫師心折老鄭虔，蒼惶辭國頗能記。錦城白髮路三千，應念尊鱸有殊味。

庭院秋心起敗梧，似聽哀猿三聲呼。十年淚眼望中興，絲管紛紛猶遠途。

居練集 始戊子秋，至庚寅秋杪。余於戊子春移家練川，居城中張馬弄

寄儼少

風期結想北溟鯤，卅里相通幾隔邨。貯酒尋常思白社，白蓮社。賣瓜何似踵青門。奔騰三峽供驅使，君出峽而詩畫逾壯。要眇中池審吐吞。近又求長生久視之方。虛閣好延秋正靜，清玄不異與同論。

用前韻再答儼少見和

藩籬久囿息鵬鯤，叢薄因依郭下邨。惟習《禽經》親鳥雀，時怡原樹散衡門。曹劉梧酒何成敵，君和詩有“一藝曹劉要細論”之句。董巨雲煙可許吞。七字陳言更無用，開緘絕倒只君論。

三用前韻答陸子

心源止水不翔鯤，帶郭女潛晉隱邨。正要西頭除瓦屋，好迎東道話夔門。篋書種樹應能授，鼎訣燒丹未與吞。敢羨雲中有雞犬，列仙事迹費深論。

附：儼少和韻二首[①]：

他日逍遥哂鶤鯤，今追元亮卜南邨。每因尋戴空迴舫，擬欲逃秦且閉門。揮麈傾心譚絶倒，解牛遊刃氣全吞。如君並世應無敵，一藝曹劉要細論。

丘壑自擅晉謝鯤，園林清絶半城邨。爲人藴藉瑚璉器，寫盡蒼茫董巨門。春水一雙鷗獨往，雲夢八九者猶吞。滔滔天下誰知子，已矣徐君可弗論。

丘公介蒡見和鯤字韻長句[②]，輒此奉答四首

素尚癡言比晉鯤，下帷不恨異深邨。辭榮未是林宗楫，履約何如仲蔚門[③]。四壁溪山人獨卧，半秋風雨夢全吞。共歡一飲知天運，豈待聲名史筆論。

九萬鵬摶夙化鯤，如何偃息著城邨。猶看白也揮椽筆，已策朱公列市門。江國經秋華髪怨，公少作《浣溪沙》，有句云："如此華年長作客，者般江國又經秋。"[④]冠纓餘氣怒濤吞。西鄰亦有忘形者，時放狂言入座論。

一駕風輪想踏鯤，時方自滬歸。路迴竹暗自村村。馳驅九日繁華地，偃蹇三秋獨樹門。浙水雲連情作惡，燕山狼顧恨難

① 此二首徐氏原抄在詩稿内，故照録於此。

② 丘公介蒡疑是丘瓊蓀（1897—1964），研究詞樂卓有成績，著有《燕樂探微》等。

③ "仲蔚"後改，原作"五柳"。

④ 徐嘗爲此句補圖，圖見上海嘉禾2015春拍·四海集珍——中國近現代書畫作品專場第250號拍品。

吞。平生飲酒陶元亮，猶有蕭蕭羽奏論。

少年赤脚欲乘鯤，塵網區區落市邨。賸有一丘杠雪棹，寧矜七字過雷門。籬前野色鳧鷖亂，稷下雄談湖海吞。伏驥争憐吟慷慨，只應樗散總無論。

嘐城西關與瓊公、夢園步月[①]，歸後賦此，時戊子中秋也

高秋正半接荒城，此夜西關共月明。萬里風來如有約，一年人住豈無情。借。流光幾見夗央瓦，噫氣仍驚草木兵。身世百憂餘閉户，可堪長篴又聞聲。

爲夢園題李長蘅《秋林歸隱圖》[②]

江國魚龍晚，柴門鷗鷺邊。行藏俱落落，歸思若芊芊。舊業懷高隱，清流枕後賢。移家數晨夕，朗朗玉山前。

題子奇仿梅道人畫竹扇

瀟灑春波影，摹成三兩竿。摇摇動懷袖，晝暑自生寒。

---

① 瓊公，丘瓊蓀；夢園，孫祖勃。
② 李長蘅，即明代畫家李流芳（1575—1629）。

醉宿異樹堂，翌日題贈野苹[1]

論羊各漸半途人，倍喜燈前形影親。百里馳驅同入社，千秋染翰要規新。狂言紅粉驚迴座，雄陣青州快動塵。不問當筵笑中聖，已知閉驛早留賓。

七夕詩[2]

萬里秋風鄭虔回，中年去國百般哀。江山抹盡無留影，賸挾西施向水偎。公近寫仕女，不復作山水。

上鄭曼陀

高文妙翰大蘇名，世亂從看萬里行。一卧滄江韋編絶，只應問字少徐卿。

上陳定山

清秘英年已具舟，黃金散盡敝貂裘。顧櫥壁破無餘恨，［此下原缺］

上張希逸[3]

穰穰祝歲老田翁，巴隴歸來生事空。還讀荆薪照夜白，那吟梁父出隆中。

---

① 野苹，即應野苹。

② 此組詩七首分詠七人，然原稿中皆塗去。

③ 張希逸，即張珩（1915—1963），字葱玉，希逸其號也。

上陸儼少

海國從研彩繪新，藍田一脈有斯人。不憐摸索求名字，病臂終須待李麟。

上王季遷

西州自昔多奇士，髯也堂堂筆一枝。百丈峨岷千尺雪，門庭立處大宗師。大千弟子甚多。

上張大千

儋石能呼五百些，向來脱穎擲烏紗。從移奇氣江山上，腕底雄豪獨爾詩。

上應野苹

題畫有寄

高唐愁日暮，迢遞隔雲山。恍惚千年事，楚心片楮間。

題畫松爲犀園五十壽[1]

不見朱侯話夜窗，手移花石憶滕昌。書來教寫潛虬影，五十鬚髯得老蒼。

① 此詩所題之原畫見上海嘉禾2016春拍・四海集珍——中國近現代書畫作品專場第47號拍品。犀園當是朱錫桂（1890—1969），涇縣人，寄寓蘇州。

題《採芝圖》贈梁俊青醫師

多謝梁醫士，青囊一味奇。還丹仍把筆，君亦能畫。頌德與題詩。樓迥憑雙玉，君夫人吳曼青亦能畫善醫，白蕉君爲題其所居“雙清樓”云①。山深茁九芝。圖成遊咫尺，聊供白雲期。

題畫竹樹寄吴生銘均

問訊吴生近亦佳，小庭筠樹托幽懷。可能一字歸鴻信，帶過清川野客齋。

爲朱念孝題《泖濱草堂撿書圖》② 二首

白沙翠竹接清川，百里遥遥寢迹先。君以丁亥夏歸隱泖濱，余亦於是年冬移家練水之上。待我開軒同述酒，只憐猶是義熙年。

九峰三泖黄癡畫，子久有《九峰三泖圖》。亂點雲煙奈勝流。筆到攤書淡生活，柴門相向莫江秋。

---

① 白蕉（1907—1969），近代著名書法家。

② 朱廣慈（1909—1959），字念孝，號鐵梅居士，松江人。久居楓涇，工書善畫，師從齊白石、徐石雪、張琢成。曾任“墨社”書法指導、《松江民報》總編輯，爲斯時松江文壇翹楚。（此資料引自《鐵梅居士朱念孝書贈程嘯天詩稿》一文，未知撰者，在此説明）

畫爲劉定之五十壽[1]

潢池吴下湯强數，妙手於今劉定之。要畫松山期上壽，千年紙墨賴君持。

贈别董占春至臺灣

世亂難爲别，江頭淚一揮。行人今皂帽，公子舊烏衣。髭斷河梁怨[2]，心驚草木腓。蕭蕭兩愁絶，帆影接魂飛。

詩貽夢園乞花枝

聞道名園錦繡堆，陶然只合對吟梧。不同小帖顔公乞，魯公有《乞米帖》。要見花枝頃刻開。

儼少見訪不值 用簡齋韻

從緣負米齋空掩，即道龐公一入州。舊約東西蹉歲暮，獨持清濁送商秋。群烏擾擾驚還下，老雀飛飛恨未留。此夜燈窗

---

① 劉定之（1888—1964），字春泉，江蘇句容人。以書畫裝裱技藝聞名海上，有“裝潢聖手”之譽。

②“怨”字後改，原作“贈”。

人不寐，定愁七字斷難休。

十二月二十九日作

客裏江城鎖歲闌，花枝不共膽瓶寒。明朝除夕更無事，笑對先生苜蓿盤。昔人有句“山家除夕渾無事，插了梅花便過年”。

寄徐石雪丈[①] 己丑

上國一分手，風塵世豈平。白頭能作客，青眼有書裙。漸綠江南草[②]，仍黃冀北雲。繩樞關未上，懸榻望夫君。

登嘐城法華塔

何年留古構，百尺破春空。旅寓依常近，危梯拾偶窮。荒城圍斗大，深樹出花紅。愛此獨高倚，披襟向夕風。

---

① 徐宗浩（1880—1957），字養吾，號石雪，江蘇武進人，久居北京，畫家。

② “漸”字後改，原作“仍”。

憶哭劉公魯兄[1] 公魯在丁丑（一九三七）年歿於蘇寓，緣日寇之狂暴，遂而驚殞

江海名家數，輕肥憶盛年。可憐來白馬，遂恨及黃泉。秘客飛花散，遺雛覆巢捐。凄涼想金谷[2]，君過楚園前。楚園是君家舊業，位於申江。

儼少以書來約訪，且附近作，奉此酬答二長句

小閣沈梅雨，昏昏晝不開。聽衙蛙兩部，應卯酒三杯。緣喜遊仙近，終教賃廡來。更憐共盤藥，山水興悠哉。

空谷跫然喜，呼兒探曉晴。草深泥斂滑，樹匝鳥流嚶。白日多烽火，青眸獨友生。悠悠天地事，托子有深盟。

九月二十八日酬鴻士，用誠齋和放翁韻 己丑

平生渭陽親，推我最珍重。新詩一一搜，謂此的彀中。君才堪絶倒，逸足鮮與共。乃復賞駑策，若比王良鞚。荒居秋索莫，池草久無夢。自嗤退飛鷁，難任文府棟。得君一篇章，高華繼前統。興發應同聲，綴緝剽兩宋。敬陳狂夫言，技癢輒好

① 公魯，即劉之泗（1900—1937），安徽貴池人，著名藏書家劉世珩之子。
② “想”字後改，原作“異”。

弃。壇坫會風雲，雄劍看君動。

閑庭二詠

去歲栽蕉一人强[①]，今年新緑過閑牆。秋來愛聽中宵雨，葉葉清聲到客牀。

上芭蕉

嬝娜迎風帶露餘，美人顔色曉粧梳。白頭雀子渾無賴，飛去飛來只繞渠。

上薇花

題仿倪黄山水軸

拜倒黄癡復老迂，墨華淡淡總敷腴。疏松隔水悲秦望，陡壑依林入海虞。晚節悠悠傳載艇，高情渺渺接飛凫。思追往迹尋奇勝，五百年來道已孤。

題臨孫世節《木緜圖》 并跋

名假吴緜貴，煦含赤子深。功成崇布被，天下一歸心。時方崇儉。

---

①“栽”字原作“裁”，據文意，當是“栽”字。北京寶瑞盈2011秋拍·中國近現代書畫專場（二）第631號拍品即書此詩，乃晚歲所書，原款：“此詩作於疁城寓居，今日偶憶書之，時在京華客次。”此字即作“栽”。

孫世節，名艾，明成、弘間海虞名士。與白石翁交甚稔，石翁過虞，輒主其家。善寫生，遺迹世不多見。余曾得其《木緜》一圖，簡静淡遠，大類玉潭錢選也[①]。夢園索臨副本，並追和圖中石田原題詩韻云。

招定山[②] 四首

山色悠然水不波，淵明三逕闇煙蘿。錯教猿鶴長移檄，出處無端奈爾何？

小山桂樹劇淹留，寂寂從憐百尺樓。多謝伯勞傳燕語，畫簾無恙浪生愁。

黨人炎海爲遷謫，底事崎嶇學大蘇。黄葉邨邊好一棹，細鱗巨口醉胡盧。

隨處笙歌趁舞裙，當筵憶煞杜司勳。湖山風月誰勾管，屈指吾州正要君。

題萬石居士獨立小景[③] 并跋

長身成獨立，適俗豈營營。不羨千鍾粟，能高萬石君。山

① 錢選（1239—1299），字舜舉，號玉潭，宋末元初著名畫家。

②“招”字後改，原作“寄”。“四首”二字今補。

③ 萬石居士，即跋中所稱陶壽伯。壽伯（1902—1997），名知奮，又名之芬，號萬石，江蘇無錫人。

色九龍遠，潮頭歇浦迎。同遊回首處，看爾自峥嶸。

余與壽伯陶子同遊廿載，壽伯善摹印，花乳燈景之屬，常累累几格間，因自號曰“萬石”云。

寫竹贈鄭將軍建平

矛戟苞胸府[①]，風雷迸怒生。多君有高節，念看拂青雲。

松山圖壽野萍四十[②] 用六如居士《四十自壽》詩韻

應公不辱身，解組憶三旬。君以日寇灌滬，挂冠隱於畫事。摩詰能開祖，陶朱耻食貧。風光際此日，松色敷千春。十載舒襟抱，從期擊壤人。是日聞嶺表戡定，太平有象矣。

題臨張叔厚白描《九歌圖卷》[③] 二首

楚俗何須問鬼神，離憂端爲起斯人。千秋寂寞歸圖畫，荷

---

① “矛”字後改，原作“戈”。

② 是詩又見鄭重《應野平年譜》第46頁，上海文藝出版社1992年版。

③ 張叔厚，即元代畫家張渥。此詩所題之原圖見《百年光華——徐邦達珍藏作品及藝術回顧》第152-165頁，原題詩在第165頁，與此處所録略有異同。此處第二首“張臨龍眠”四字小注爲原題所無，原題於“玉山佳客舉軒軒”句下注曰：“叔厚嘗客顧氏玉山草堂，爲金粟主人作圖。”又該圖後有徐氏丙子（1996）春跋，謂是圖臨摹於丁丑歲（1937），則所題詩亦爲丁丑歲所作歟？而《居練集》所收諸詩始於戊子秋，至庚寅秋杪止，則此二詩置於此者，爲當時録舊作歟？或是原題二詩晚至戊子、庚寅間始題歟？疑不能明矣。

蓋雲衣彷彿新。

舊本龍眠一再翻，張臨龍眠。玉山佳客舉軒軒。相看慘淡遊絲筆，總是孤臣去國魂。

自題《李菴圖》 圖爲陸儼少作 庚寅春

半畝荒園雪，三春玉李花。就中安笠屐，此外雜桑麻。練水多名勝[①]，野人忘歲華。提魚來酒伴，乘興即生涯。

題夢園 孫子嘗屢夢至一槐國，廳廊遊觀不爽也，遂以自號，索賦

蝶夢多陳説，遊仙事亦詼。如何子孫子，一再到庭槐。夏木森清晝，黃粱熟淺醅。倘於新睡足，喚我隔籬來。

題臨錢進士《水仙圖》，即用簡齋《水仙花》詩韻[②]

青帨而緗袭，淩波或見之。晴雲欺淡日，乍陰乍陽時。玲瓏白玉珮，徙倚江皋遲。可惜春風面，只今誰陳思。芳草天涯遠，孤客亦有詩。

---

① "練水多名勝" 後改，原作 "故老知喬木"，下并有四字小注，同遭塗抹，不能辨矣。

② 錢進士，即宋末元初花鳥畫名家錢選，見前注。

《西溪小隱圖》歌爲丘瓊老 圖與陸儼少合作

彊齋先生便便腹[①]，有子况然萬事足。計然已試經綸手，歸謝西溪溪西曲。西溪之水清淪漣，上有先人舊堂屋。小裁隙處見新構，半畝荒園鋤親劚。牽蘿結樊樹作屏，四時不老喜青青。先生之顔亦如此，得真得地擅奇靈。風流欲繹群芳譜，招綴蜂蝶尚多情。榮榮紫茄復青莧，千秋冷眼劉使君。上下縱横看今古，纚纚勾出參軍舞。公勤於著述，究古弄參軍之戲，勒成一書。莫笑書仍記姓名，莫叱底用腐儒腐。夫子久推席上珍，下帷聽得蛙兩部。德業名山尊，退誦亦足伴尊俎。甕頭春熟恰我來，不語相看三百桮。眼前只覺乾坤小，形骸得失何有哉？同行探微子陸子，興來秉筆圖溪沚。兩兩入彀中，更邀續貂尾。我腕無靈君無敵，真者在前米老語。氣辟易。直幸同作畫中人，他時莫誤藍田從裴迪。

訪馻骹子，相歧不值，輒題棐几[②]

出郭清塵滓，到門少主人。楊朱非歧路，陶母重留賓。羡此春苗秀，知君小隱真。嚶嚶在喬木，佇賞一時新。

---

① 彊齋，即丘瓊蓀之號也。

② 馻骹子是陸儼少。

題骫骳樓呈儼少友契

東吴有佳士，自號骫骳子。處世能委順，其節毋乃是。憶昨淞之濱，高步見斥弛。人海一浮遊，傾蓋定爾汝。快拂好素絹，煙霞透骨髓。大癡富春仙，清籙或傳此。酒酣抵指掌，曹劉心竊喜。三年厭塵網，謝去天目阯。茅屋八九間，種黍奉甘旨。先世公紀賢，懷橘亦差似。陰陰美梨栗，芃芃長麻枲。北堂萱正榮，螽斯示繁祉。雍宣六七齡，大歡聊隱几。何圖虜作逆，半壁東南恥。盡室幸習步，萬里從此始。四顧劇蒼黄，狂狡避虎兕。板輿屢升降，怖聲禁童稚。小脱且暫安，到江羌徙倚。峥嶸逐鹿場，洲名，武昌西，劉毅破桓玄處。赤壁遺鏃矢。形勝無古今，江山莽角掎。知機過文若，終然不能止。奔騰逆東流，灩澦驚欲死。不問江水深，臣心終如水。十年寄旅食，寬博柱下史。北斗倚京華，悲笳聽孤雉。白髮三千丈，憐才誰子美。向來泰階平，箭下歸溪涘。槎溪，君故里也。門臨大道周，小隱仍居市。比我得賃廡，無心接鄉里。疑此夢寐歡，近前揩兩眥。堂上燈燭光，思古正爾耳。我題骫骳樓，宵深萬籟弭。三五粒春星，一兩聲犬吠。應似華子岡，差不煩雙鯉。此慶當此時，順事真可委。擲筆青眼横，泥塗同曳尾。

庚寅五月四日再宿骪骳樓又題一首，用仇山邨自題《山邨圖》韻[①]

去郭帶深邨，突兀見茅屋。中端百世士，耕以代其禄。千山萬水歸，手掇淵明鞠。懷此良苗新，出處往而復。務本高唐虞，抱甕非行獨。清泠槎溪水，不爽子真谷。下榻再拂塵，况此陰夏木。金穎彌穰穰，快意恣遊目。鼓腹有時見，吾生亦已足。場圃得一區，東頭終當卜。

題疁城張鴻年春暉草堂 并序

僕識張鴻年先生於滬上，亦有年所矣。丁亥歲移居疁城。疁，先生之故鄉也，因得登君子之堂，觀其顔曰“春暉”者，蓋先生雖年近耳順，而北堂萱茂，色笑承歡，不啻彩衣萊舞，寸草之心，識此不忘耳！輒再拜奉題短章。

白首承歡咲，金英看敷餘。江南遲日裏，好此賦閑居。

① 仇山邨即仇遠。

初夏閑詠[①]

支頤猶得半偷閑，窗上新槐照影斑。透暖微陽催螘夢，一聲幽鳥喚人還。

粉蝶黄蜂興漸闌，西園缛草鬭花殘。輸他兩部荒池裏，過雨真應綴廩閒。

題《悔聲軒圖》爲鴻士 并序

鴻士以“悔聲”名軒，且誓絶詩餘之作，蓋謂譜拍久亡，毋徒事於章句爲也。既乞陸子製圖，復徵題於僕。時僕將于役京華，臨别書此，故末語云云。

心力枉抛只悔聲，空憐韻語付嬌鶯。曉風殘月成孤唱，不肯詞人賡姓名。

---

① 此題原有二首，故詩題下原注“兩首”，後一首塗去，並將詩題下“兩首”二字一併塗去。後一首之遭塗抹，或因末“閒”字出韻也。

北征集 始庚寅（一九五〇年）冬初赴京時

將至京華，車中口占四韻，再題《李蓭圖》，時庚寅十月

且起此閑身，浸爲國有人。黄塵風色壯，赤幟憲章新。畎畝違初服，京華領上春。江南留畫本，放眼若迷津。

歲莫寄晨叟[①]

與君少小親昆季，惜别中年江淹情。揮手長車燈一列，捫心丈席鼓三更。嚴城風雪埋殘歲，故國琴樽寂友生。此地從來多古意，可無慷慨發離聲。

題啓元白《紫幢寄廬圖册》 元白自圖，用松雪《題高侯夜山圖》韻[②] 辛卯（一九五一年）春

高齋我到莫春月，紫花緑葉映鬅髮。指是清芬有勝緣，先

① 晨叟，據下《哭鴻老四章》知即爲孫鴻士，鴻士名成（吴湖帆《佞宋詞痕》前有孫之題詞《高陽臺》一闋，署“鹽官孫成拜稿”，鈐“鴻士”小印），稱“晨叟”者，以音近故爾。

② 啓元白，即啓功。松雪《題高侯夜山圖》指趙孟頫《題李公略所藏高彦敬夜山圖》，詩見《松雪齋文集》卷三（《四部叢刊》影印元沈伯玉刊本）。

生妙寄更超越。便便終異山澤癯，清门曹霸近世無。京華傾蓋一狂叫，絶倒鷗波自壽圖。

團城[①]

仙城高擁柏蒼蒼，日坐衙齋校寶章。莫笑先生官獨冷，此中堪擬白雲鄉。

北海逭暑晚步 二首　辛卯（一九五一年）夏

黃塵偏隔此清幽，一道紅牆斷碧流。今夜吹涼何處好，五龍亭外月華稠。

水面樓臺上下燈，滿襟風霧隔前汀。閒情付與并州女，子夜棹歌傾耳聽。

自題小影 二首　圖作抱膝坐層階上，因以自嘲，辛卯冬

未教抱膝吟梁父，却儘層階一逗留。四十年來猶故我，形容自料等閑羞。

我寧作我是耶非，欲换金丹事亦微。短帽青衫誰識得，長

① 此詩於原稿中置於《題啓元白〈紫幢寄廬圖册〉》該頁之頁眉，姑列於此詩之後。詩題原作“團城一首”，依整理體例，將“一首”二字删去。團城在北京北海。

安大道厭輕肥。

寄儼少 辛卯（一九五一年）冬，用後山韻

別路三千里，思君意若何。朔雲戒寒肅，愛日轉煦和。栖酒曹劉隘，承前鯤字韻詩中意。功名褒鄂多。在山非遠志，觀國可經過。

憶定山 二首[①] 壬辰（一九五二年）春

相從並馬城西路，還首銷魂十二年。小院珠簾春度曲，深堂銀燭夜攤錢。平原裙屐要平。千日，北苑丹青競一鞭。意氣猶然豪劇否，獨憐形影旅燈前。

南枝烏鵲戒宵征，況是奔騰逐駭鯨。舊國勳名銷短簿，殊方詩句築長城。已無高會陳驚坐，豈有窮途阮步兵。寂寞草玄亭子上，側身望斷海雲橫。

別野苹三載矣，詩述近況，並以招之 用毛主席《長征》詩韻

伐毛換骨等艱難，努力明時豈自閒[②]。正喜四民歸漢幟，赤幟也。要諳三畧弄宜丸。三略謂馬列主義、毛澤東思想之書。神京巍巍

---

① “二首”二字今補。
② “明時”後改，原作“先鞭”。

新猷壯，故國悠悠舊約寒。但使即今渡伊洛，光風霽日轉怡顔。

鴈[1]

候鳥隨陽氣，翩翻亦自高。稻粱謀不足，矰繳禍相遭。寥落思洲渚，披紛惜羽毛。枋榆笑鳩鷽，得意合噭嘈。

① 詩題“鴈”爲後塗改，原作“食鴈感賦”。

城西集　一九五三年（癸巳）春卜居京城西掖，爰以名集

自題新居素壁十六韻

自我踏京塵，四歲三易屋。館舍既湫隘，舊居亦零落。遂揖城北鄰，去向城西卜。老屋十數間，突兀沿溝曲。西山掖其右，修眉掠簷角。我來歲云莫，風雪滿寥廓。皚皚百丈銀，開門看不足。亦有廣庭閑，庭柯纔起粟[①]。借問紅杏花，東風始有約。欲和放翁詩，世味怕蕭索。朅來記奇事，新年更休沐。習懶免馳驅，蝸居笑龜縮。時竊一陳篇，對酒勤諷讀。俛仰平生歡，只此伴羈獨。丈夫志浩蕩，區區何齷齪。急謝高誼者，吾醉非情惡。

津門與慎先欵洽，還京惜別，作小景寄之，並賦長句書後[②] 癸巳

津門一夕旅燈紅，意氣相驚廿載雄。傾蓋不辭千日醉，折腰敢説半途窮。長風浩浩羞吹帽，紀實也。短會依依怯惱公。别後君看愁絶處，凄迷柳岸着孤蓬[③]。

---

① “纔”字後改，原作“未”。

② 慎先當是韓慎先（1897—1962），曾任天津藝術博物館副館長，書畫鑑定家。

③ 此句後改，原作“瀟瀟暮雨畫孤蓬”。

小病休沐題句破悶 三月十四日　癸巳

老屋臨衢謝四鄰，閉門正喜病中身。簿書勞役居然了，藥裹療憂未爲貧。隔座屏山圍屈曲，隨衾詩卷擁嶙峋。風埃暫許辭巾履，疑滯江南野水濱。余嘗卜居練川數載，最爲清幽。

題宋文治《松隱圖》，陸儼少所作[①] 甲午（一九五四年）七月十四

老我當於丘壑間，買山得笑且看山[②]。羨君已領清音趣，百丈松風晝掩關。

三年澤國此深盟，日遠長安意轉傾。開卷溪山難著句，東西作約未忘情。陸子亦爲余作《草堂圖》，余題句有“終愛東西成舊約，草堂署向白雲端”云云。

題吴倩師《阿里山圖》[③] 甲午（一九五四年）秋

海上名山一掌收，望中鬱鬱紫雲浮。何時快附鵬摶翼[④]，俛

---

① 此題下第二首原稿删去。詩題原有“題二絶句”四字，後因第二首删去，乃將此四字一併删去。宋文治（1919—1999），江蘇太倉人，擅山水，先後師從張石園、陸儼少及吴湖帆。

② “且”字後改，原作“只”。

③ 吴倩師即吴湖帆（1894—1968），號倩庵。

④ “快”字後改，原作“會”。

繞岧嶢幾百週。

題薖湖漁隱臨姜寉澗《疏柳閒亭圖》[①]

薖湖金谷已成塵，亭柳蕭疏貌得真。二十年來天亦老，明燈挑畫獨逡巡。

姜寉澗《疏柳閑亭圖》真迹，二十年前見之省安群從潘承厚博山處[②]。五四年十月薄游津沽，忽見此金氏摹本於估肆，亟爲購歸。懷舊撫今，不覺闇然零涕，蓋無論北樓、省安均早下世，即博山之殁亦可十數寒暑矣。

題郎静山所攝《春棹圖》 四首[③]

雙槳來時春滿塘，一枝紅艷惜流光。柳梢月色輕移處，不待横陳已自狂。

芙蓉滴露扺嬌柔，入髩低眉故故羞。豈似宓妃初薦枕，凌波照影寫風流。

最是撩人著體酥，漢宫辛秘意重摹。三郎窺後傳情事，畫裏真真不敢呼。

---

① 薖湖漁隱是近代畫家金城（1878—1926）；姜寉澗即清代畫家姜實節（1647—1709）。

②“省安”或是潘承謀。潘承厚，字博山。

③ 原第四首删去，故將詩題中之“四”字塗作“三”字，今将第四首仍録出。郎静山（1892—1995），浙江蘭溪人，攝影家，終老於臺北。

玉峯瑩滑火齊珍，著意爲郎盡意陳。花想同心兼夜合，不辭辛苦渡迷津。

憶哭王瑶卿先生[①] 六章 甲午（一九五四年）夏補録

玉樹謌殘萬口傳，開元供奉李龜年。白頭喜見承平業，舊譜新翻啓後先。

最繁華地論交日，急管哀絲好定場。滿笏圓時相送罷，褚家橋外月如霜。民國二十八年冬，余與先生定交於上海褚家橋先生旅寓，亦劇院所在地。

京華側帽此淹留，火樹銀花不夜遊。正是歡騰開國慶，招携蹀躞最高樓。五〇年十月一日晚，與先生同看火花於正陽門外勸業高樓。

暮年鍾愛小門人，再世聯芳結晉秦。扶上氍毹同一顧，梨園標格合傳神。先生孫媳羅玉蘋亦其得意小門生也。

王曉題名托李成，丹青餘事費經營。含糊猶指床頭畫，生死交情淚欲傾。先生嘗與余合作小圖，自懸之卧内，玉蘋云：病中一夕忽手指此畫，若有所示意。然余竟不能與先生一訣，痛哉！

欲問維摩恨已遲，天花散盡寂雄辭。馬神廟下烏銜紙，腸斷年年吊屈時。先生以端陽前二日下世。馬神廟，王氏故廬也。

① 王瑶卿（1881—1954），近代京劇名伶。

題陸儼少補《杜陵秋興畫卷》，是時陸方自蜀歸槎溪之上，敵寇纔平而國家猶多難未已，東南亦非樂土，蓋四九年夏秋事也。今日回憶及之仍復鬱鬱，故詩中之言如此 三首　乙未（一九五五年）春[1]

亂後東歸急，孤舟一繫汀。杜陵千古意，鬱勃見丹青。

旅食纔枯杵，故園空復情。向來槃礴贏，秋興即江城。

遷客三聲淚，畫師八幅牋。蒼茫傳事物，今古兩無前。

春陰 二首　三月二十七日休沐作

春陰日日意闌珊，寂坐空堂翻稗官。花事逡巡塵撲面。晚來風起更尖酸。

老杏槎枒欲刺天，生憎枯淡立庭前。春心差喜垣牆外，一線橫空競紙鳶[2]。

冬日遷居戲題 丙申（一九五六年）十一月

兩年三蹔屋，四海即爲家。窓豁朝迎旭，林稠夕噪雅。曲肱真自樂，懸磬莫輕訝。没齒表高士，能毋世所嘉。

---

① "三首"二字今補，"年"字今補。

② "一線橫空"後改，原作"迎看隣童"。

移居大石橋新寓，壁張五君與余合作《草堂雅集圖》，圖中諸人或存或歿，存者亦散處四方，有感重題二章

北來寄寓重張圖，喬木從堪識舊廬。勝侶當年尋楮墨，停琴正見客情孤。

一時俱逝悲楊陸，清磬、沁範[1]。南北東西更四人。季遷、韶九與余皆遷徙四方[2]，居滬者獨野苹一人已。追迹西園猶昨日，不知身落九衢塵。

五八年一月遷居大石橋新厦東室，寒夜擁爐，漫賦自傷 下鄉未能，故有淵明之句

廣厦潜栖一角房，驅寒爐火地中央。簿書已慣身常客，定省稍虧親在堂。有道高情輿灑掃，淵明羸疾慚農桑。莫教歲俸虚縻費，端坐猶然號漫郎。

和袁洪銘春陰[3] 二首

風沙幕眼抵紋紗，大地昏黄日半斜。想得江南春到候，輕

---

① 楊清磬（1895—1957），浙江吴興人，近世畫家。陸沁範見前《蠖曲集》中《見季寧復談陸沁範往事感賦》詩注。

② 季遷即王季遷，見前《蠖曲集》中《曼陀入蜀十年，近忽致書存問，詩以答之，藉見情況也》詩注。韶九或是徐韶九。

③ 此二首原塗去。

陰恰護海棠花。

尖寒未卸木緜衣，似雪還無春暗歸。迴首江城到百五，杏花紅撚燕雙飛。北地早春猶御重棉，不見杏花、燕子，不知爲青陽已至也。

小鏡

小小團圞月，就中藏影深。通明照卿我，憂喜最關心。

五八年秋，偶閱陸子爲余所作《李葊圖》有感，賦此二首，居京將十載矣

何處溪山腕底春，十年朋舊墨如新。江鄉憶看閑桃李，不解從今逐燕塵。

耒耜韋編兩不遑，一栖更止慚柴桑。秋心底似春山媚，北地鴻歸夜早霜。

宵問砌下蛩吟已寂感賦[①]，杜詩云“客愁連蟋蟀”，此章衍其意焉 九月朔日

九月寒威早[②]，宵蛩收短聲。不眠緣肺渴，斷響却心驚[③]。

---

①“問”或“聞”之誤。

②“九月寒”後改，原作“北地霜”。

③“眠”字後改，原作“寢”；“響”字後改，原作“耳”。

京國十年晚，鄉園一念生[①]。垂髫當此夕，籬落正呼燈。

别子燮五年矣[②]，五九年一月一日邂逅於春申旅寓，握手短叙，不能勝情，明日又當南征，相見未可期也，北歸感賦

少小提携共一燈，中年去國鬢絲增。高樓短盟徒還首，絶徼長風勝曲肱。客報滇南春似錦，君思冀北冷于冰。曠懷未到多情處，此日難爲盍舊朋。

贈别宜修海上作 一九五九年七月

會看燕雁判歸程，少恨樽前難勸君。離思却隨芳草遠，多憐同到五羊城。

骰子一擲全紅則得彩，隣家有戲此者，漫賦

刻骨相思子，嫣紅點點成。從君問采色，能卜滿盤赢。

---

① 此句後改，原作"故園千里生"。

② 子燮當是潘子燮，見前《蠖曲集》中《曼陀入蜀十年，近忽致書存問，詩以答之，藉見情况也》詩注。

題儼少畫册 八月

撑目雲煙五百年，王侯筆力巨公禪。不倩扶着已驚倒，無賴真應學摅舷[1]。

湖堤月色圖

紅橋一曲柳千條，舊夢抛殘意未銷。最記澄波秋淡淡，半鈎眉樣映清宵。

題陳師曾《萬壑松風圖》 一九六〇年二月

西江詩派此傳人，畫禪南宗别有神。却恨先生不見我，空披遺墨獨嶙峋。

山下泉聲石上松，似曾此地一從容。而今九陌黄塵裏，只索琴操異短筇。

晨過景山即事 一九六〇年春

古柏朝陽色轉新，景山又見一年春。歌聲忽透紅亭上，的

---

① “摅舷” 後改，原作 “米顛”。

溜難爲出谷鶯。

題卞潤甫爲王貞明作《山水圖》[①]

貞明姓王名節，啓、禎間名士，有别業曰小輞川。何西澗題花龕畫跋有云：潤甫姓徐，實非卞，蓋因有所避而托者也。故詩中並及之。

蘇松筆妙啓禎年，名士留蹤續輞川。亦似青林聞狗吠，風流二老後先傳。

尚書華亭董思翁。揖讓介廬王，張禄逃名亦自狂。是處溪山真畫隱，爐香茗椀想尋常。畫史謂：浮白生平無定居[②]，爐香茗椀到處自隨。

有寄晨叟並述近懷

十年歌嘯共銜觴，世事俄驚雁斷行。夜合未開虚兩閾，河豚欲上闇江鄉。雍宣紙筆今粗好，顧陸丹青近就荒。爲問輿公初志在，新詩可與解離腸。

再用前韻答晨叟和句 庚子春

令節難酬獨舉觴，昆朋雲散不成行。已知少日非今日，慣

① 卞文瑜（約1576—1655），字潤甫，號浮白，蘇州人，明代畫家。

②“浮白”即卞潤甫號。

説他鄉即故鄉。一塔斜陽芳草怨，半窗舊夢石田荒。長安滿目風吹絮，未見吴姬易斷腸。雙山爲晨叟故里，少日曾共遊眺智標塔，在審山之顛[1]。十五年前余有“一塔語斜陽”之句，並圖以贈。近來北土，筆硯拋荒，故詩中云云。

觀《文成公主》話劇喜賦四絶句

漢蕃仄。和親詔貴嬪，君王自是爲生民。琵琶不作明妃怨，呵手梅粧喜色新。

薩納山高阻日邊，思親淚落搵紅鮮。雄峰突現驚天地，只爲蒼生日月懸。日月寶鏡化爲日月山。

讒口鑠金枉費辭，兩家親好總無離。怒江一借風濤快，净掃幺魔出聖時。

邏些宫殿燦黄金，贊普親迎瑞氣臨。萬歲千秋長此意，氍毹一齣音拆。啓元音。劇中有歌辭亦甚美。

春盡偶賦四章

燕燕群飛舊鼓樓，同來此地幾遲留。江南江北春歸去，立盡斜陽意未休。京師諸城樓春時往往群燕集居，城北鼓樓亦然。余遷居舊鼓樓大街亦已三載。

狂風九陌藥欄迷，京洛妖紅漸作泥。惆悵江城一畝雪，練

① “雙山”“智標塔”“審山”皆今浙江省海寧市硤石鎮地名。

城舊居多白李花。何時散眼重扶藜。

楊花逐盡路旁塵，細雨魚兒唼緑萍。夏淺春深遊侶散[①]，西涯岸上草如茵[②]。

結枝梅子圓如許，解籜龍孫翠可憐。門巷陰陰啼鴂晚，喚還懶夢小晴天。

飯飽偶題

青蒿黄蛤早登盤，摩腹便便亦自寬。彈鋏真嗤齊食客，也勝苜蓿長闌干。

憶事

客路倉皇日，蚩蚩生事慳[③]。鼉鼍震地軸，魍魎擲塵寰。失律哥舒將，防邊大散關。搥胸虞漢賊，掩面恥殷頑。太瘦難嘲杜，固窮敢企顔。向人模乞米，拂素狀搜山。淫雨連吴會，雄烽接海灣[④]。誓驅下殿走，解禁上陵還。借喻。不藉神功駭，能廻天步艱。黔黎盡堯舜，衽席了恫瘝。勳業心多仰[⑤]，工農力可攀。十年餘悸在，故眼即爲寬。

---

①“遊侶散”後改，原作“深幾許”。
② 此句後改，原作“不教飛鳥啣紅巾”。
③ 此句後改，原作“乾坤俶擾間”。
④“雄烽”後改，原作“烽煙”。
⑤“勳業”後改，原作“功利”。

忽得宋文治白下來書[①]，喜慰生平，賦贈 五月

吾子東南秀，藝林早得聲[②]。十年問消息，一柬抵逢迎。霧雨孫陵遠，旌旗魏闕明。君住白下中山陵，五月江南正梅雨也。好來同把臂，劇賞快生平。

喜見宋子近作山水又贈

放筆湖山日日新，子房復古又何人。要期太華終南秀，橫卷雲煙一寄神。君畫似近范寬，故云。

日本現代畫陳列故宮文華殿賦贈十絶

東風吹得最繁枝[③]，喜色迎來紅艷姿。自是衝寒有奇骨，力迴大地入春熙[④]。紅梅幛借頌近日日本全民愛國運動勝利也[⑤]。

組繡鋪陳孔翠翎，風流憶上寶家屛。亦知勝事連名筆[⑥]，玉

---

① “白下”二字後補。

② 此句後改，原作“相違缺寄聲”。

③ “得”字後改，初作“出”，後改“放”，再改“得”。

④ “入春熙”後改，原作“得熙時”。

⑤ 此注下原有“此圖作者爲山口蓬春氏，余曾識之於北京”一句，後塗去。山口蓬春（1893—1971），日本畫家。

⑥ “亦知”後改，原作“古今”。

殿今看眼更青[①]。畫孔雀圖戲用竇家故事，以寓親好之意。此次展出於故宮文華殿，日本代表團長致辭有“在此歷史著名地方陳列，倍覺快慰”云云。

疊嶺雲煙一望中[②]，新圖還傍柿枝紅[③]。連林松竹青長在[④]，不見横山白髮翁。横山大觀[⑤]，日本名畫師也，今已去世。遺作《雲山圖》及《柿林圖》屏幛此次亦展出文華殿。《柿林圖》中更畫松竹，殊青翠。

白翎健翮影横空[⑥]，高入青冥類雁鴻[⑦]。寄語畫師知着筆，不飛南北向西東。《天際群鷗圖》[⑧]有類鴻雁高入青雲之感。

夗央覆瓦列長行，點滴晶瑩積水光。聽到夜深勤碌句[⑨]，不知輸與畫清涼。《雨圖》作水珠積覆瓦上，甚奇，有清涼之意。

風濤搏擊漁舟險[⑩]，生事艱辛底有涯？斫膾何人稱上客，烹鮮總不在荆柴。《魚和人圖》寫漁民辛勤割鮮，然烹食者又爲誰子？“治大國若烹小鮮”，老子語。

丰姿閒淡女郎身，赤脚層冰意轉新。滿地蒼葭行不得[⑪]，於中無畏見精神。《蒼炎圖》畫一女赤足行草叢中，有坦然無畏之意。“蒼炎”是日語，謂秋色蒼然。

---

① “今看”後改，原作“高張”。
② “疊嶺”後改，原作“滿幅”。
③ “枝”字後改，原作“林”。
④ 此句後改，原作“青松翠竹長同在”。
⑤ 横山大觀（1868—1958），日本畫家。
⑥ “白翎健翮”後改，原作“聲聲嘹唳”。
⑦ “類雁鴻”後改，原作“羡去鴻”。
⑧ “鷗”字後改，原作“雁”。
⑨ “聽到”後改，原作“憶聽”。
⑩ “險”字後改，原作“小”。
⑪ “葭”字後改，原作“炎”。

架樑傑閣壓清波[①]，跳水濺珠霧氣和。三兩嬋娟閒意態，真成驟雨打新荷。《鴨川驟雨圖》傑閣清溪在濛濛水霧中，有三兩女子從簷間探賞[②]，意致極妙。

小蓄渟泓鏡樣平，幽花破面不知名[③]。晴明照影兩成碧[④]，豈許浮雲滓太清[⑤]。《池圖》寫綠水一泓，水面幽花綴之。

尺月松風散白裾，此中吾自愛吾廬。高情已復陶元亮，出處應知宋永初。《愛吾廬圖》畫一白衣山人坐松林下，意有所托邪。

重九日獨酌和玉溪生韻寄晨叟[⑥]

獨酌隨宜酒數巡，瘦容沾醉未成春。滿城風雨無來吏，極目雲山有故人。花月魂消歸往昔，稻粱謀熟及時新。漫拋書卷覆樽罍，趨向前途一問津。

題畫 三首[⑦]

生平夢不到溪口，雲瀑松濤想像看。搜盡奇峰打草稿，清

---

①“架樑”後改，原作“層層”。
②“從”字後改，原作“在”。
③“破面”後改，原作“照影”。
④ 此句後改，原作“綠天何處消炎暑”。
⑤ 此句後改，原作“碧水洗心意自清”。
⑥“獨酌”二字後補。
⑦“三首”二字今補。

湘句。老濤笑我忒虛懸。《黄山松瀑圖》。

黄雞白酒吳娘勸，細雨遥峰説劍門。自別十年渾不記，忽從畫裏唤詩魂。黄四酒家在虞山下[①]。

山色濃於染，花光鬧欲喧。莫疑無路入，即是武陵源。《青山紅杏圖》。

題明人畫《柳陰集禽圖》 爲仲武先生作

老柳荒疆野水湄，衆禽有托自能馴。林家東廣多神筆，定爾成弘直殿人。此圖疑出林良、林郊父子手筆，其豪縱老健自見也。

辛丑一九六一。四月病起微吟，適鴻士書來索舊逋畫扇，即寄[②]

飛花撩亂撩人思，病起况驚添鬢絲。右轄丹青非宿世，司勳才調不同時。緑槐斜日真成夢，白苧新聲枉費辭。正好故人徵舊諾，聊憑七字謝遲遲。

病起慨賦

一春花事蒙頭了，緑漲瀰天奈爾何？學圃學書兩無得，魯

---

① “在虞山下”後改，原作“在劍門下”。

② 詩題下有硬筆補注：“鴻兄以壬寅三月謝世，余此詩爲最後一次贈君者。畫扇終未踐諾，何痛哉！”

戈難挽蟻旋磨。

七一頌辭

赤幟颺空舊社移，風流馬列兆民師。非關天定原人定，盡化無爲作有爲。手揮斧鐮截山海，身窮星漢挾龍螭。堯年舜日從今是，看造同軌億萬斯。

題石濤《白龍潭圖卷》 二首 黄冑藏①

瓶錫遺塵得得來，龍盤虎踞莫生哀。一枝自了千秋業，搜盡奇峰四面開。

白龍潭上呼龍起②，勢挾風雷聲撼山。一畫何妨由我立，恨無臣法識荆關。此圖或謂荆、關遺意。

再題《李菴圖》 四首③

江城脆李最繁枝，十載荒園枉夢思。自爾征途爲許國④，挂冠神武豈今時⑤。

---

① 黄冑（1925—1997），現代畫家。“二首”二字今補。

② “起”字後改，原作“出”。

③ “四首”二字今補。

④ “爲”字後改，原作“應”。

⑤ “豈今”二字後改，原作“不同”。

烏鬼家家舴艋呼，川魚買得趁當罏。酒徒雲散乾饞吻，莫漫披圖見故吾。

雉堞周遮望裏迷，葉池張弄屋東西。故人小筆開驚眼，如雪飛花指舊蹊。

三千里外天隨子，六尺園中主客連[1]。更有興公閒問訊，難成四友李龍眠。伯時名筆久已破壁飛去矣。

題吴威中畫《獻歲佳卉圖》 二首　上有朱竹垞詩題[2]

詩人應是小長蘆，深閉松筠守草廬。畫上冰綃添韻侣，生塵羅韈淡粧梳。

插了梅花便過年，借。療君寒餓豈徒然。吴自題云“圖獻歲之佳卉，療詩人之寒餓”。陶廛居士無塵筆，爆竹桃符還可憐。

題花之寺僧摹董思翁《鵲華秋色圖》[3]

摹成秋色兩文敏，獨秀單椒青可憐。付予揚州羅畫士，翻身作怪石田語。出新妍。

---

① “連”字後改，原作“賢”。

② 吴威中是清初畫家吴振武，號陶廛居士，朱彝尊之甥；朱竹垞即朱彝尊（1629—1709），竹垞其號也，清初大詩人，晚號小長蘆釣魚師，故下詩首句云云。徐氏所題之原畫見北京翰海2004秋拍·古代書畫專場第1731號拍品。“二首”二字今補。

③ 花之寺僧即清代畫家羅聘（1733—1799），揚州八怪之一；董思翁爲董其昌。

寄丘瓊孫 時聞有遠行

吾憶丘夫子[①]，聲洪稷下雄。百年雙短鬢，萬里一孤篷。荒歉難爲老，聰明未是窮。何當市樓上，千首揮千鍾。

題僧超揆《梧庭試茶圖》

庭梧一葉墮西涯，余所居德勝門内即西涯也。短鬢蕭騷感歲華。同是緇塵未歸也，輪菴亦客老燕。何如且吃趙州茶。

輪菴畫世所稀見，用圖中韻，辛丑九月題《静蔭園圖》 爲張碧寒作

小園纔數畝[②]，嘉木合千章[③]。清唳惟聞雀，此中日月長。

題方邵邨《秋日山居圖》[④]

龍眠智巧藝多神，快染溪山見隱倫。已恐花飛蝴蝶散，霜

---

① “夫子”二字後改，原作“瓊老”。
② “數”字後改，原作“半”。
③ “合”字後改，原作“有”。
④ 方邵邨乃清初畫家方亨咸。

縑掇拾獺痕新。方龍眠智巧而多異能，繪事尤稱絶妙。《桐陰評畫》以大家許之，宜矣。此圖縑素裂殘，余爲手補樹石缺損，並題短句以見意焉。

一九六一年十一月歸申江故里，邂逅秋甸黄兄，歡然話舊，因及一時緑猗社諸畫友，爲作長謌紀之，他日可續《海上墨林》也[①]

歌緑猗，歌緑猗，東南之社藝林奇。九友十哲今寥廓，後來居上劇紛披。就中傾倒太原王，季遷。雲煙繼起輞川莊。許我米薛開縹緗，手披口估燦寶光。論世惟畏陸儼少，精熟選理蘭亭稿。出峽才名光燄長，新圖氣壓真驚倒。王公出山成小草，出處有時有乖好。我慕高情入蜀年，陸子以避寇入蜀八年[②]。人間月旦判錢趙。曼陀羅室鄭曼陀。風流伯，仿佛天涯仍咫尺。近亦寓京，但少過從[③]。龍鍾早擲漁陽摻，曼陀善皮簧，以《罵曹》一折爲傑作[④]。周昉美人亦廢格。應野苹，真可人。猛志四海搜奇盡，岱岳之朝黄嶽春[⑤]。雪野金荻广[⑥]。藝博亦多聞，金針一度其術仁，

① 此詩又見《徐邦達書畫作品》圖32，詩題作“既遇秋甸兄話言今昔，因及海上緑猗社諸畫友爲作長歌紀之”，詩題中無時間，而於卷末記“辛丑”，即一九六一年也。與《詩草》所收有異文，隨注出。

② 此段小注手卷作“陸君以避寇入蜀”。

③ 手卷無此小注。

④ “皮簧”，手卷作“京劇”；“傑作”，手卷作“傑奏”。

⑤ “黄”字後改，原作“白”。

⑥ 手卷作“金定广醫師”。

療我痼疾儻如神[①]。張侯碧寒。倜儻萬里巡[②]，秋風胡不思鱸莼。振名當世雲唐大石。荻江寒汀。稱，畫花直過徐趙滕。唐生嗜酒見嘔噦，江亦造次沈栝杓。醉抹剡藤十萬張，唐乎江乎思未涸。大壯太瘦張養初[③]。何殊絶，不爲作詩亦弄筆。嘲君勿謂輕薄脣[④]，畫中之詩李杜匹。抑非陸翀[⑤]。心折兩東園，子靖張守成[⑥]。翻身王淡軒。朱兄梅邨。健筆不似舅，渠家門徑自道元[⑦]。俞君子才。畫隱東頭屋，曾住余家數年[⑧]。商榷憶剪雨窗燭[⑨]。潘大子燮。小年東山來[⑩]，提携書檠下一帷[⑪]。至今人遠兩惆悵[⑫]，中年始信離别哀。東山亦有二葉元卿、潞淵。奏昆刀[⑬]，誰其鼎足萬石陶。壽伯[⑭]。吾家癡叔白眉子，韶九叔。妙爨化育登吴市。其餘過江待屈指，鄒仁淵。陸沁範。孫小亭[⑮]。屠銑一。短命死。楊公清

---

① "儻"，手卷"倘"。
② 手卷無句中小注，而於句末注曰："碧寒去國十年矣。"
③ 手卷小注作"張大壯極癯"。
④ "嘲君勿謂"，手卷作"勿謂嘲君"。
⑤ 手卷無"翀"字。
⑥ 手卷無"守成"字。
⑦ 手卷於此句下有注曰："梅兄爲倩菴師甥，畫人物全出舅氏門徑外。"
⑧ 手卷無句中注，於句末注謂："子才避地上海時，曾住余家東室數載。"
⑨ "榷"字原稿作"確"字，似非。
⑩ 手卷無句中注。
⑪ "檠"，手卷作"燈"。
⑫ "惆悵"，手卷作"躑躅"。
⑬ 手卷無句中注，而於句末注曰："元卿、潞淵俱善治印。"
⑭ 手卷此注謂"壽伯自號萬石居士"。
⑮ "小亭"，手卷作"獻亭"。

磬。張老石園。已淪淵[①]，几筵遥酹涕何止[②]。走也慷慨入燕國，十年磨短幾多墨。歸里踵門訪故友，叔度汪汪情懇愊。問我高陽舊酒徒，醉中詩句不能無。書淫畫癖亦勞形，而我蹉跎髩星星。爲君放謌記遊舊，東西南北何飄萍。黄子黄子兩眼青，人生得意笑山靈。相期努力加餐飯，他時再見老復丁。

贈黄湧泉[③] 一九六二年春初見西子湖上

幾年京國論交後，每思尊羹况别何。春草尋詩湖上遠，奎章簪筆客中多。對眠風雨自車笠，還想丹青有茗柯。如許乞身同舊隱，橡林更覓古遺圖。湧泉，武塘人[④]。

西湖贈張振維[⑤]

湖上逢君到淺春，重開雙眼喜精神。風姿濯濯漢官柳，意態蕭蕭晉隱人。定看畫龍驚破壁，還能彈雀蹋芳塵。登船可許時相見，扶醉來尋豈厭頻?

---

① 手卷無句中注，於句末注曰:“清磬、石園相繼下世。”

② “几筵”，手卷作“幾番”。

③ 黄湧泉（1927—2005），曾任浙江省博物館研究員，長於書畫鑑定，對徐邦達執弟子禮。

④ 武塘，即今浙江省嘉善縣魏塘鎮。

⑤ 張振維（1924—1992），浙江安吉人，曾任嘉興圖書館館長，擅詩畫。

題八大山人《雙雀圖軸》

神仙可得猶留迹，八大有小印，文曰“可得神仙”。感事重觀雙雀圖。此圖曾於卅年前觀之王湘泉家。三九何緣篆作字，遺民淚滴墨模糊。

贈安持北京見過[①]

湖海過從後，風濤有是非。方山怕近俗，正字脱長饑。兄弟論凋落[②]，書翰訂別離。明朝復天末，淮水望依微。

謝事一首寄示夢園 壬寅初夏

謝事非關懶，病餘别一天。惟將書作枕，正喜日如年。槐影無時緑，蟾光有限添。老夫此中味，題句式君憐。

哭鴻老四章 晨叟以壬寅三月下世，年六十六

南住北遊人共老，何緣去我獨君先。夜凉微雨空留句，後此詩筒豈再傳？

---

① 安持，即著名篆刻家陳巨來（1904—1984）。

② “論”字後改，原作“酸”。

稍喜頻年一再逢，者番半刻太匆匆。支撐憶取新錫顆，説我從來嗜味同。

難傳真訊叩高堂，猶子比兒等輩行。足迹何堪隨履後，新昌路上斷人腸。

不料春歸賦大招，堪流遺恨浙江潮。更虚舊約東西屋，斷雁孤飛終寂寥。

一九六三年（癸卯）四月四日上海長江劇院觀熊雪岑演《茶花女》名劇，憶余三十年前與鄭公曼陀同看唐女若青演此劇於此，今雪岑仿佛勝之。曼陀、若青均已下世，余亦髩有二毛，只梨園華厦猶輝煌如昔耳，感賦短句二章[①]

回首連鑣老鄭虔，茶花一齣賞新妍。定場華構猶金碧，拭目淒凉三十年。

唐家阿姊若青有妹若英。風流甚，盛飾夷姬只夢尋。驚見脱胎更姝麗，怪予雙鬢亦星星。

① 徐氏二〇〇三年嘗書此二詩爲一橫幅，見北京保利十二週年秋拍（2017）·古事——生活藝術專場（三）第1659號拍品，與此頗有異同。第一首末句作“轉眼已驚數十年”，第二首“驚見”作“忽見”，末句作“引來教我起深心”。

贈别張星階畫師 壬寅（一九六二年）三月游吴門，作於聚豐園[①]

醉橫青眼坐高樓，此日難爲憶舊遊。異路潘王博山下世，季還去國。論存歿，只君翰墨儘風流。

青春意氣各飛揚[②]，吴苑重逢髩點霜。我自無言對杯酒，百年幾會動中腸[③]。

題畫《海虞松壑圖》

瞠目海虞黛色，下臨陡壑長松。描取聊復爾耳，窠臼黄雀一峰。

張希逸輓辭 四首[④] 一九六三年（癸卯）八月

公謹醇交三十年，靈和殿柳濯春煙。一時入洛君尤少，風雪嚴城對榻眠。

簪筆奎章擬欲難，西京博物網瀛寰[⑤]。伯休去矣韓慎老纔於去

---

① 張星階（1909—1991），江蘇蘇州人，擅畫。聚豐園爲蘇州酒樓。
② “青春”二字後改，原作“五年”。
③ “百年幾會”後改，原作“豈緣别緒”。
④ “四首”二字今補。
⑤ 此“西京”二字原稿中爲作者所删，然未有補出字，姑仍故迹。

年逝世。驚連踵[1]，析義何從更叩關。

耽癖苕溪詩數行，龍蛇印迹米襄陽。君書學元章，尤喜《苕溪詩》，真迹方於今歲得見。清河譜録未盈帙，後死何人續阿章。姜堯章有《續書譜》。

排空噩夢竟成真，借。玉樹沉埋九陌塵。奈報三吴遊舊侶，風流頓盡有斯人。

贈長沙劉老

傾蓋京華意自欣，前年與君相識於北京。從孤客袂動離魂。篋珍集古長沙字，劉贈我書軸。心遠慚今栗里門。得意有才異賈傅，相思多病謝文園。何當就訪番君貌，千里同風更一尊。番君事出《容齋隨筆》，劉任文管會職。

重題《淮海詞意圖》 甲辰（一九六四年）冬初

小筆晴溪落漲痕，廿年漫興與重論。應憐拄笏嵐光好，豈問江南黄葉邨？王翼雲出示舊作索余重題，時同客北京。

---

① 韓慎老即韓慎先，參前《津門與慎先欵洽，還京惜别，作小景寄之，並賦長句書後》注。

題徐石老《湘江春雨圖卷》[①] 臨夏昶

文左蘇莊迹已陳，王前孟端。夏後夏昶。有傳薪。江南野逸鵝溪滑[②]，煙雨橫披自得真。

萬竹宣南此寄廬，荷衣却掃任迂疏。五年不踏西州路，展墨還堪問字初[③]。翁自顔其居曰“萬竹廬”。

偶過城西舊居口占 一九六五年（乙巳）四月[④]

依舊閒門依舊天，杏花迎笑倚風前。新來馳道展如許，往事逡巡抵十年。

喜原子彈試爆成功二首 五月

原子沸天要洗兵，兆民騰慶啓昇平。東西射動么魔蠢，喧默雖殊一例驚。東國默，西國喧叫。

萬鈞威梃當頭喝，蛇豕終知刼作灰。收拾乾坤清氣轉，高懸紅日静腥埃。

---

① 徐石老即徐石雪（宗浩），見前《居練集》中《寄徐石雪丈》注。

②“鵝溪滑”後改，原作“春泉見”。

③ 後二句原稿删，未見補出，兹用删稿。又，該首整首改過，原作：“萬竹蕭蕭結草廬，宣南寄迹客情孤。求羊自忝從三徑，化作西州灑淚多。”

④“年”字原缺，今補出。

贈遼東史彦之先生

真應開徑望三益，未覺移情撚斷鬚。白帽管寧今入洛，秋風張翰晚歸吴。披尋畫語酬高興[①]，商略詞心頌壯圖。前日作《原子試爆成功》二詩呈教。妙句青藤更留賞，君贈我近作有“一見青藤爲畫友，古人那有此因緣”句。虚堂絶倒倩人扶[②]。

題史彦之《華燈鵲喜圖》

秉直從來稱叶去。史魚，圖呈鵲喜意何如？京華傾蓋吾能識，報道先生未是疏。

詩跋林和靖自書詩卷，有東坡詩題後

故國縈思處士梅，亦同瘦硬壓西臺。坡詩云：“書似西臺差少肉。”寒泉秋菊誰爲薦，我是吴人道未歸。坡詩末云：“我笑吴人不解事，好作祠堂傍脩竹。不然配食水仙王，一琖寒泉薦秋蘜。”

東坡居士西湖長，東坡晚剌錢唐，曾以此自號，然論當時風華物望，亦正不愧雄長西湖也。和靖先生絶俗人。坡詩云：“先生可是絶俗人。”聯璧千年注脚在，何消月旦更偏伸。王元美跋詩特重坡詩，以

---

① “披尋”“高興”後改，原作“漫題”“清趣”。

② “倩”字後改，原作“要”。

爲和靖多幸也。

京師多西北風，時則黄塵瀰空，物物變色，因風中臨積水潭，望西山口占

脩眉天際映西潭，錯却錢唐郭外藍。陡覺撒沙曚五里，羌無面目判江南。

懷師友詩 詩中諸人或存或殁，涉念成詠，不復詮次，得若干首

李醉石師[①] 師粤人，來居上海，白首未歸

南海梯航客，最繁華地來。朱家遊俠傳，白首望鄉臺。筆迹三王煙客、湘碧、麓臺也。繼，名蹤二李大小李將軍也。陪。師門今寂寞，張石園。顧文牛。有餘哀。二君爲同門之秀，相繼下世。

俞滌煩先生[②] 先生習藝於北京古物陳列所。乙丑南歸，寓楓涇，因得謁見，視余爲小友

簪筆陳諸暨，《寶綸堂詩》云："三月曾爲簪筆臣。"指入京師畫院。

---

① 李醉石，即李濤（1860—1937），近世畫家，徐氏早年從其學畫。

② 俞滌煩（1884—1935），浙江湖州人，近世畫家。

歸帆文翰林[1]。白牛成小隱，白牛蕩在楓涇，先生寓居之所。青眼托同音。超忽遊絲絶，翻瀾辯舌瘖。遺蹤今滅没，莫錯武塘尋。先生寓居前街爲楓涇，後街則鄰境嘉善界。嘉善舊稱武塘，元盛子昭、吴仲圭居此。

張處長蔥玉 浙人，於建國後携家來京，任職文物局，以癌症去世，僅中壽耳

百萬黄金盡，移家不復回。搜珍周海宇，披簡俯瀛臺。文物局初設於團城，下俯三海瀛臺。末疾司無命，遺篇拾有哀。君之遺籍今悉歸文物研究所，因時得披閱，感慨係之矣。鳳毛追驥足，令子習化學，今作石窟脩治工作。再看出塵埃。

張子碧寒 海上同遊舊侣，今去香港作賈，善畫

貨殖傳家世，英年有令姿。丹青能免俗，粉墨亦隨時。君善扮串京劇。去去招琛寶，駸駸入鬢絲。小園圖静蔭，昔年爲圖園林曰“静蔭”者。爲爾一凝思。

韓館長慎先

絶唱傳津沽，遺名托夏山。君擅皮黄，以夏山樓主傳名。蘇王竟

① 陳諸暨，明代畫家陳鴻綬；文翰林，明代畫家文徵明。

並厄，卒年六十有六，東坡、半山皆同。柯米總前攀。君長天津藝術博物館，亦差同鑑書畫學博士也。長者穆穆，人稱長者。誰爲志，黄山谷有《王長者墓誌銘》。後生孰問難？藝林高館外，敢説似西關。

王選青畫師[①] 西遊不歸舊邦，楚材惜爲晉用

每憶王黄雀，東遊山澤狂[②]。輞川應夙世[③]，婁水繼前光。君系出太原，畫學婁東。錯作逋逃客，難開寶繪堂。王晉卿藏珍之所。楚材詎不是，歧路惜倉黄。聞從美洲遁栖港島。

張大千畫師

髯也乘槎久，雲煙縑帛收。易牙兼識味，君善調甘旨，曾屢享大烹。饔齒例封侯。君如歸來必有重屬。選畫場曾預，五代趙若事。述書賦可留。君有無跋懷素《自叙》，或以爲真迹。歸來何不早，海霧使人愁。

寄孫功炎玄常。鄉兄汾上[④] 一九六五年冬

別恨春潮不絶添，緣君鄉語故纏綿。道山安得同張耒，更

① 王選青即王季遷。

② 此句後改，原作“曾登寶繪堂”。

③ 此句後改，原作“楚材竟誰用”。

④ 孫功炎（1914—1998），字玄常，浙江海寧人，久居山西運城，語言學家，能詩擅畫。

是逍遥聽雨眠。山谷一帖云“聞文潜有嘉除，甚慰孤寂”，考其時黄去祕書省，張耒以是年爲。

寶晉臨河辨古今，多君餘事喜同心。君以《蘭亭新考》出示，恰與所見略同。欲圖老木求漁艇，汾水悠悠夢亦深。有僧人求石田翁畫，先投以詩云“筆到斷厓泉落處，石邊添個看雲僧”，亦此意也。

題戴莼涘《秋清落木圖卷》[①] 爲叔年

何必訪山陰，風流此中是。披畫溯鄉心，木落見莼涘。杭之西湖産莼。

謝淞洲淺絳小幅自重題云“舊作點綴而成，記當日幽事”，有“是日秋盡矣，薄莫月上，余與諸君縱步白公堤，登千人座，相對啜茶。幽林始踈，浮圖插煙，殘菊卧籬，餘花可折。夜静歸來，傾白隨醉，篝燈題此以紀其事”之語，此軸或有贋鼎之疑，余爲題二十八字闢之

舊圖點綴豈翻身，模本有翻身鳳皇之稱。不誤當年具眼人。林邨以善鑑知名康、雍間。想見篝燈重作句，林邨幽事未成陳。

① 戴莼涘，一般署作戴醇士，即清代著名山水畫家戴熙（1801—1860）。

題友人惠畫竹卷

短軸長縑一拜嘉，薊丘遺派出君家。新題襯托園流水，逸筆謙臧亂直麻。葉葉交來鐵勾鎖，層層展上玉丫叉。高撐素壁參差影，一夕秋心向此賒。

題段無染袖珍著色山 一九六五年十二月[①]

精進便爲著色山，季家一脈孰躋攀[②]。袖中短幅終豪奪，莫予盟天好事看。

謝玄常贈畫短卷《老木漁艇圖》[③]

風流不減小蒸曹，畫法逼真曹齋。貌出江南竹樹凋。同是天涯共殘歲，一竿簑笠兩蕭騷[④]。君贈詩有“萬里關河雪鬢添”之句，不幾與僕同之，故末語云云。

---

① 段無染，或即段拭（1914—1969），畫家，嘗受業於黄賓虹。“一九六五年”之“年”字原缺。

② “季家一脈”後改，原作“虎兒小筆”。

③ 此與下詩詩題皆寫於詩末，以雙行小注出之，蓋因稿紙行幅窘迫故爾，今移置詩首。

④ 此句後改，原作“雪鴻片紙寄蕭騷”。

題《紙窗竹屋圖》寄玄常

青熒燈火當前景，老屋何堪竹影空。余南中舊居多竹，今北地寒冽，無復見此君矣，故云云。一半分君圖佳趣，心情千古雪堂翁。歲云莫矣，風雪凄然，念吾玄常同此情味，題圖以奉寄，千載而上有彼翁，千載而下則有吾兩人耳。

李菴詞稿

眼兒媚

春歸三月雨兼風。愁緒墮殘紅。六街人寂，半窓夢透，閑煞花驄。　　踏青挑菜匆匆了，前事憶牆東。茜裙翠袂，尋思難見，恨斷巫峰。

清平樂

嬌春不語。脈脈情如許。暗逗微波驚又去。亞字欄邊乍遇。　　無端一日成秋。相思兩地綢繆。今夜月明何處，鳳簫吹咽秦樓。

南歌子

舞困拋金扇，謌殘咽玉簫。罨花嚲柳不勝嬌。六曲屏山、掩映可憐宵。　　蓮漏催更盡，藍橋入夢遥。雙啼暗挹兩魂消。那更落紅、和雨點春朝。

踏莎行 登今雪聖情樓，爲題所藏橫波墨花卷之後[①]

懶畫春山，貪描芳草。風騷比似眉樓少。情憐夫婿老温柔，新恩薄負香衾早。　　水繪悠悠，絳雲渺渺。消魂舊侶如煙掃。楊花飛雪又天涯，秦淮今古愁難了。

浪淘沙 用雲壑韻[②]

萬木撼歸雅。急任風斜。蒼茫一徑踏平沙。獨上荒磯雲亂叠，望眼愁遮。　　心事岸巾紗。彈指年華。客帆天際渺無涯。臨水破寒紅數點，思寄梅花。

驀山溪 用涪翁韻[③]，題《竹屋圖》

東林谷口。舊隱誰同偶。草屋兩三間，繞衡宇、亭亭碧秀。風前雨外，任做盡秋聲，蟾影透。龍孫瘦。静掩黄昏候。　　長吟對酒。盥濯微勤後。玉版總先延，佐登盤、畦菘籬豆。向來離索，何處覓幽鄰，先生柳。今存否。千載空搔首。

---

① 今雪是林今雪，聖情樓乃林氏齋館號，橫波乃明末清初秦淮名妓顧媚（1619—1664）。

② 雲壑指南宋書家吴琚，所用之韻爲吴氏《浪淘沙》（柳岸可藏鴉）詞，見唐圭璋編《全宋詞》第2204頁，中華書局1965年版。

③ 涪翁指北宋大詩人大書法家黄庭堅，所用之韻爲黄氏《驀山溪》（鴛鴦翡翠）詞，見《全宋詞》第338頁。

意難忘

斜月昏黃。照闌干十二[①]，淡怯銀釭。繁絃沈綺席，響屧静迴廊。私語絮、口脂香。憑説與難忘。幾暫逢、燒香夜約，會苦離長。　　多情解是無雙。早摇摇寸曲，髩染吴霜。還珠千古恨，載酒十年狂。尋别巷、轉凄凉。任樹老苔荒。最是伊、重來映面，誤了崔郎。

巫山一段雲 題照爲文權

剪剪輕煙水，鬖鬖弱柳絲。團圞三五映花枝。却憶是年時。　　葉底鴛鴦侶，蒲中翡翠兒。相思無地説相思。心事兩眉知。

少年遊[②]

重來怕挹十年愁。燈影掩紅羞。絲鬟撩香，蠻弓趁拍，無計□□□。　　相逢訴與離時恨，欲説又休。半破朱櫻，雙垂玉筯，深意在□□。

---

① “照”字後改，原作“遍”。

② 此首原稿塗去，字迹漫漶，僅就可辨者録之。

梅花引

東風速。南枝玉。水邊月下衝寒束。翠禽憐。籠柔煙。黄昏吹角，驚他小小眠。　　迢迢水驛音塵遠，寄去一枝思量徧。説消魂。正消魂。玉奴親折，和香和夢痕。

柳梢青　題畫《仕女圖》

梅蕊香舒。柳梢青轉，曲院人扶。錦幄開簷，紅爐消炭，半臂輕疏。　　東風徧訪庭除。更唤得、蟲蟲漸蘇。一縷絲颺，幾回蜂静，幽意纔初。

憶江南　二闋

彈指换，豪俊舊風標。海市翻瀾消禁夜，文園寂寞擁中宵。寒柝一聲遥。

彈指换，哀樂異中年。萬事不關栝一曲，柔絲那作繭三眠。春夢澹如煙。

八聲甘州 和寒雲韻[1]

記黄昏人語背西風，亂蛩透紗吟。付合歡千結，靈犀暗度，難禁情深。淚眼相擎淺盞，教予十分斟。别後殘燈夢，千里偷臨。　應是羅衣寬褪，縱花酣柳彈，歡意誰任。算荼蘼開了，彈指歇芳襟。誤王孫、天涯有恨，想玉樓、寒擁衹孤衾。歸來未舊雙棲燕，簾底愁尋。

木蘭花慢 用稼軒韻[2]，憶曼陀

步清街似洗，近子夜，況彫年。伴畫鼓初撾，冰心一片，舉首明圓。多情素娥念我，瀉銀光似水好移船。昔别青楓渡口，新來黄鶴磯前。　芊芊幽思接遥天。惆悵最才賢。記擫笛同聽，飛觴共醉，今落誰邊。停鞭舊游院宇，罷清歌駐拍淚潸然。一曲歸鴻付了，從今指澀霜絃。

---

① 此寒雲當是袁克文（1890—1931），袁世凱之二子。所用之韻爲袁氏《八聲甘州》（又潺潺夜雨濕簾櫳），見袁氏著《洹上詞》。

② 所用之韻爲辛棄疾《木蘭花慢》（老來情味減），見《稼軒長短句》第48頁，上海人民出版社1975年版。

踏莎行 題仿梅花道人二圖[①]

勻墨噴溰，搜奇草稿。一山一水規天巧。古宮展上玉丫文，清江棹語開春曉。《清江春曉圖》今在故宫。　雲裂蒼根，樹連翠葆。驚濤穩耐漁舟小。摹成兩兩不分明，春波空憶梅花老。

應天長 奉酬鴻士《五十感懷》之作以爲壽，君以花朝日生

江湖人易倦，向幾度烽煙，尚耽吟嘯。麗日樓臺，萬里澄和天表。華堂人月圓，競新豔、百芳團繞。映灩蠟，輕袖紅牙，壽君春好。　撩鬢看相笑。道伯玉知非，漸羞年少。空思尊鑪，故國消凝秋早。垂楊還繫馬，兩携手、醉花迷草。歸枕夢，雲外雙山，一鞭斜照。

浪淘沙 乙酉除夕和晨叟韻

萬户唱歡聲。隔坐前檑。錦屏鳳蠟獸煙凝。偎袖地罏紅柮榾，一餉唫成。　底事要浮名。匣隱青萍。江湖浩蕩白鷗情。不頌椒花願頌酒，量似年增。

---

① 梅花道人指元代大畫家吴鎮。

燕歸來 和晨叟韻

殘雪暗，小梅開。曲院夢驚回。簾櫳人去燕歸來，孰與唱瓊栢。　　痕漸平，香漸退。省識春風誰繪。怕來行處恁凝愁。羅襪昔曾遊。

好時光 題《牡丹圖》賀今雪佳期

富貴催開春漾。占國色、譜無雙。橫取一枝屏六曲，花香忝鬢香。　　可正蜂蝶鬧。輕遇個、護紅芳。紫幃裁絲錦，盡領好時光。

浣溪沙

一瞥樽前喚巧名。銀塘月滿可憐生。問來釵側眼波橫。　　低澀雪衣剛試語，相思紅豆最關情。酡顔分染意初成。

鵲橋仙 曲中所識有以七夕生者戲贈

瓊霄傳紫，錦雲捧麗，候巧天孫重謫。春魂已化入愁心，願夜夜、長同此夕。　　人間天上，離多會少，靈鵲也難惜惜。絳塵幾劫判情癡，這舊惱、何緣了得。

浣溪沙

三月江城白袷輕。强隨簫管送芳程。一空飛絮亂愁生。　花底蠟消添别淚，酒邊絃絶減離聲。春魂怕越短長亭。

歸去來 儼少自蜀歸賦贈

鵲喜新晴簷角。行子東歸速。郢樹巴山夜窓燭。十年事、怨江國。　回首陽關曲。新愁斷、舊愁還續。荒苔可賸幾茅屋。從君去、北山北。

菩薩蠻 贈題梁氏雙清樓[1]

簷前秋老梧桐色。尊中春瀲琉璃碧。四壁罨丹青。参差黛色横。　月明初夜静。海燕雙棲影。即此好樓居。吹簫近玉虚。

---

① 梁氏即梁俊青醫師，見前《居練集》中《題〈採芝圖〉贈梁俊青醫師》。

水龍吟 壽定山翁五十①

望中百尺高樓，幅巾老子清談麈。民廿八年君設定山講座，弟子數十人，往往深夜燒燭，高談不倦。餘情載得，千秋按拍，教坊曲有《千秋樂》。内家歌舞。羅綺良宵，飛觴醉月，至今誰賦②。君雅善音律，定山堂裙屐之會，紅牙歌管，每至深夜。領瓊筵深裏，烏絲紅袖。風流甚，驚嬰武。　壯歲旌旗在否，舊參軍、樽前蠻語。許世英使日，辟君爲參贊秘書；張治中駐軍滬上，辟爲參謀，皆不就。朱門柳院，夜闌燈火，夷猶江路。倦眼消凝，歸雲迢遞，幾多幽緒。自滇蜀西還，杭市政府以修志館長聘，亦辭不就，益肆志詩畫，人稱定山先生。約他年小隱，藍田嘯詠，共浮舟去。君有別業有湖上，嘗約余招隱，蓋數見於吟詠云。

前調③

聽來舊曲無愁，小唇秀靨閑庭户。婷婷嬝嬝，停箏留盼，知心深許。同夢梨花，當時明月，宵闌低護。歎年時還首，天長水遠。煙凝合，桃津渡。　燕子重逢休訴。甚新銜、亂紅

① 此詩嘗發表於《申報》民國三十六年（1947）八月十一日第三張。詞中小注，除“教坊曲有《千秋樂》”一句外，其他皆不見於稿本，而僅見於《申報》者。兹據《申報》補出。

② “誰賦”，《申報》本作“曾賦”。

③ 又見上海朵雲軒2019秋拍·近現代書畫專場第161號拍品，書於扇面，贈“冠亞先生”，“留盼”作“溜盼”，“還首”作“回首”，“空捲”作“初捲”。

殘絮。雕樑猶認，畫簾空捲，人今何處。細雨飄燈，歸來獨自，恨情難賦。只斑騅一繫，淒涼莫影，記城西路。

驀山溪[1] 題虞山趙氏舊山樓[2]，時丁丑兵後

平泉喬木。寂寂迷行處。千尺倚高寒，俯危樓、梁空燕語。烏衣帬屐，江左擅風流，蒼生誤。清譚麈。悽惻看今古。　　行人過晚，門巷無賓主。紅豆已枝殘，數相思、離魂更苦。天涯路。尋幽侶。淚盡傷春暮。

水調歌頭 嘐城南濠，濠上多篁竹，障翳天日也 丁亥

洄浦古城回，淡日漾蘭舟。東皇降擁鸞馭，迤邐碧天浮。擊汰彩琉璃碎，剗地雙鴛驚起，四顧漸生愁。恍惚宓妃步，羅韈與同遊。　　人間世，渾寐夢，轉繆悠。可堪潘鬢，十年憔悴意難收。幽絕身非人境，蕩我心旌千載，玉珮幾曾留。長篴一聲叫，花落水雲流。

水龍吟 虞山王四酒家　丁亥

春歸偏綠江南岸，瀟灑閑巾三五。麗人陌上，尋芳慣自，

---

① 徐書城供稿第9號即書此詞，其中“幽侶”作“雋侶”。

② 舊山樓乃常熟藏書家趙宗建（1824—1900）藏書處。

玉驄分付。迤邐城陰，青帘挑出，暗遮香霧。引鸊鵜一杓，松肪筍脯，巡檐向，山靈語。　　半世黃塵緇汙。算從今、汗漫襟素。嬌鶯戲蝶，杜陵蹊畔，顛狂應誤。細雨遥峰，斷魂纔對，劍門深處。便招邀醉侶，興公同遊者孫子夢園。倒幘，也騎驢去。

浪淘沙 西湖作，有懷　丁亥秋

白袷小欄風，水冷雲空。平波漸遠漸無窮。望斷斜陽明滅處，一抹遥峯。　　取次晚煙濃。暗柳疏鐘。莫携燈火上樓東。今夜定知明月好，千里應同。

賀新涼 寄晨叟　丁酉立春日，十二月

歲晚天寥廓。更悽迷、風飈捲地，黃埃驚掠。道是春歸無尋處，亦有歸心誰托。想知己、天涯弛跅。騎馬京華霜侵鬢，只白鳧黃鵠堪相謔。莫雲暗，添離索。　　北來慷慨今非昨。甚匆匆、燕臺易水，荊高昭樂。往事空隨青史换，幾見山河落寞。況安石、中年情惡。願得閑方休退早，便與君同著名山屩。都不羡，揚州鶴。

如夢令 用孫道絢韻[1]

心與車塵俱亂。路入長淮過半。且喜是歸人，反揾淚珠成串。將見。將見。怕説思君魂斷。

萬年歡 爲十大畫家紀念展作

自有蒼生，應推精思，虎頭三絶名存。顧愷之。伴取樓臺，金碧大李將軍。李思訓。駙馬能傳著色，觀音景、俊麗超神。王詵。西園侶，屈指龍眠，老顛空托傳真。米芾、李公麟。　雲山幾番點墨，只窺瞰兒戲，不識家尊。米友仁。逸筆相追迂紱，簡淡夷倫。倪瓚、王紱。此後青藤雪個，徐渭、朱耷。狂豪處、横掃前人。千秋歲，研索遺圖，藝林從看飜新。

浣溪沙

天與無端見娉婷。凌波微步態輕盈。前宵柳外月瓏明。　不奈柔絲抽作繭，生憐弱絮化爲萍。人間何事問多情。

---

① 孫道絢，宋詞人，此處所用之韻爲道絢《如夢令》（翠柏紅蕉影亂），見《全宋詞》第2册第1248頁。

江南好

團圞月，碧海望迢迢。照影雙雙如有意，含情脈脈豈無聊。最憶是良宵。

大酺

正冷雲低，房櫳静，詠絮誰憐深住。傳來嬰武話，説偷窺簾底，那人風度。細小腰身，鬖鬆髫脚，柳彈花嬌慵步。抛書無聊賴，向新晴小閣，幾回凝佇。念看盡斜陽，低迷煙草，此情誰訴。　　幽懷豈自誤。强拘管、心事難推拒。近歲晚、輕衫翠袖，時倚修竹。鎖孤清、風樓高處。蕭郎長縈思，拚捨却、終關芳緒。青鸞使、期雲路。飛墜瓊訊，怎算離愁還苦。傷心又過雁侶。

情長久

寒廳獨坐，深更剗地風驚户。屈指算、炎凉消盡，潛趲歲暮。舊盟料慘淡，枉自銘記，泥人秀句。看今日、潘郎髩改，賈女香留，窺户事、終無據。　　萬里天南，寶鏡慵開處。强擬似、小唇雙靨，更惱思緒。蠻雲瘴霧。總遮斷、瑶島飛瓊勝侶。念空外、凄凄冷月，寂寂征鴻，難寫寄、江郎賦。

憶舊遊

記炎消海澨，静洗瓊街，人别黄昏。促拍催機篴，惹盈盈轉盼，故故回身。玉葱暗遞脂濃麝，容易蕩心旌[①]。恨輻軸添喧[②]，鄉關漸杳，月斷行雲[③]。　殷勤。伴孤旅，最贈取徽容，暗唤真真。更着啼紅怨，比梧桐細雨，點滴消魂。雲裳只今難想，牛女隔天津。任舊日韓郎，餘香未挹心自温。

甘州子

個人生性最温柔。顰笑處、儘風流。好天良夜屏幽。默默只横眸。從别後，模樣奈心頭。

紅窓迥 和清真詞

見個人、低一盼[④]。原詞重押一“醉”字，今改去。陡留却、深意玉琴，暗挑數指。情半逗心揉碎。況文園病起。　那説文君，風貌楚楚，生性又軟，偏訪羅叢有未。從教人、悶悠悠

---

① 此二句後改，原作“玉葱剩握脂芳膩，濃麝蕩心旌”。

② “恨”字後改，原作“縱”。

③ 此句後改，原作“此意難分”。

④ “低一盼”後改，原作“魂已醉”。

地。看别來似醉。

憶悶令 和小山詞

鳳友鸞交情算淺。恨盧郎尋晚。三年兩載清狂，多爲伊消斂。　　莫道休還見。已教知心願。且從月下花前，望雁書來遠。

訴衷情 和樂章詞

小窗獨倚到斜曛。暗暗闔重門。禁城漸看消凍，芳草動離魂。　　眠不透，夢難頻。見何因。新詞嬾就，牙管輕抛，鎮日昏昏。

玉樓春 和稼軒韻

晚來欲雪停霞醆。獨飲從教酒力短。人如斷雁落還驚，思似棼絲抽更嬾。　　江南憶得吴姬勸。素手胡麻加一飣。柳花風起動行人，客裏年年愁更滿。

浣溪沙 七夕作

獨掩西窗怕過鴻。何期風雨打簾櫳。秋心滴碎雨聲中。　　蕉葉半舒心鬱結，藕絲難斷眼惺忪。星河總隔奈相逢。

西江月

俊樣瓊瑶堪比，芳標穎慧偏符。韓娥聲轉玉盤珠，伴折纖腰曼舞。　　解道多情小小，分香豈自躊躇。良宵不怨鳳臺孤，想見嬌瑩月午。

南歌子 壬寅三月杭州西湖作

去住三千里，來尋十五年。冷泉亭上小留連。怪底茂林蒼壁故依然。　　法象迎生面，靈隱寺佛象新塑。游魚認舊顔。野花山鳥亦相憐。似道雪侵雙鬢不如前。

踏莎行 《古書畫鑑》代序，一九六二年作，補録[1]

顧陸丹青，鍾王稿草。書淫畫癖君休咲。飛梟裝染抵千金，句元圖記知誰曉。　　寶晉齋空，畫禪室杳。古今識見人多少。稍稍牙慧拾前聞，雲煙敢竊潛夫老。

---

① 該詞原稿在《糖多令·題快園填詞圖爲王仲老》後，題下“一九六二年作，補録”諸字爲原稿所有，今按時間插入此處。

漁家傲 題孫玄常畫《老木漁舟圖》，衍蔡天啓詩意，用東坡韻 乙巳冬

老木平岡從一踞。前朝無覓風流處。淡抹蒼煙收暮雨。斜陽渡。借君漁艇留人住。　　坐睡覺來猶宿霧。抛殘旅夢渾難馭。鴻雁飛飛空鷀鷺。誰爲侣。江南憶我終歸去。

青玉案 用東坡韻，題自畫《紙窗竹屋圖》 乙巳冬

棲棲九陌風高路。又彈指、一年去。判隔江鄉牛女渡。緑波飛鷺。平皋落木。夢裏尋思處。　　四時好景耽朝暮。更憶青燈贈題句。舊隱淇園天不許。余南中舊居多竹。黄塵撲案，石煤微火，難聽中宵雨。北地久旱。

滿庭芳 贈孫玄常，即書所貽《老木平岡圖》之後 乙巳冬十二月

千里霜清，長安秋老，旅泊相對軒廊。君以今秋來會京師。快然傾蓋，名勝壓吾邦。誰信與公老矣，臨河興、博議無雙。示我以《蘭亭新議》。風流甚，西堂拓寫，君書學河南。筆陳我先降。　　蒼蒼圖畫裏，平岡迤邐，煙外漁艭。比前事從君，聽雨篷窗。他日憑江有約，拚故里、三徑行藏。當樂死，右軍語。優遊弋釣，心志莫相忘。

前調 題石雪翁竹卷

青眼書裙，白頭傾蓋，廿載相見吾宗。石泉槐火，分點蜜雲龍。用東坡故事。修竹竿竿團繞，翁以“萬竿修竹”名其廬。夷猶處、心志虛冲。峥嶸似，壺中日月，塵世有奇蹤。　匆匆。看往迹，西州誤到，難掩啼容。怕從今轢材，斥擲成空。猶幸寒梢寫出，付薊外清節高風。尋思事，追循樂善，玉石刊誰同。元顧善夫哀刻松雪書名“樂善堂帖”，石翁學趙書極肖。

雙調望江南 題吴鏡汀臨石谷《仿趙子昂夏山真逸圖卷》[①] 乙巳十一月

江南好，緑暗可藏雅。荷净竹深歸窈窕，松風水月得清華。傑筆自王家。　翻身看，骨髓本煙霞。内教能名終不忝，吴興逸調轉難嗟。丹碧獨君誇。

滿江紅 題孫玄常《白描蕭翼賺蘭亭圖》，脱胎所謂閻右相舊本

右相丹青，補韻事、山陰名帖。堪歲久、晴牕目斷，花飛蝴蝶。白晝推君差續命，黄衫舉子形容譎。更禪師、拄杖咲談間，真風發。　缸面酒，呼童設。梁頭檻，爲君抉。詎新知

---

① 吴鏡汀（1904—1972），近世畫家。

萬里，心猿躁熱。二句用辨才、蕭翼倡和詩中語。轉眼昭陵空汗馬，温奴玉匣傳曾掔。又後生、博議舊風流，都癡絶。近日又有《蘭亭》真僞之議。

江城子 乞玄常作《李菴圖》，書來詢命意，填此闋代柬報之　丙午春月

江城蹤迹小菴東。又春風。眼惺忪。幾年别後，惆悵玉鈿李義山詩有"猶自玉爲鈿"之句，指李花也。空。君似多情殷七七，能掃我，客愁濃。

漁家傲 酬玄常《李菴圖》之贈

結客青春恣夭矯。最繁華地銷昏曉。六九駒光如電掃。天悄悄。江南人向關河老。　　回首年時被花惱。千枝點雪東闌繞。唤起無情春又到。風光好。畫圖省識愁多少。

糖多令[1] 題《快園填詞圖》爲王仲老　丙午夏初

江左黑頭公。風流朱雀蹤。稱昂藏、睥睨才雄。接武同光諸老輩，就中數，散原翁。　　京國晚相逢。掀髯一笑中。粲生花、稷下同風。醉寫烏絲新製曲，歌聲澈，大江東。

---

① "唐多令"之詞牌徐氏皆書"唐"字作"糖"，未審何故，姑仍之。

糖多令 偶經舊時門巷作　丙午夏

門巷過逡巡。輕風略颭塵。聽幾聲、緑樹啼鶯。一瞥驚鴻釵髻影，渾不是，舊時人。　　慧業豈前因。歌場舞態新。縱風流、還見真真。得似蓬萊風引去，十年事，淡煙痕。

徐邦達詩詞補輯

補詩

久處塵囂，時復有江湖之想，
偶然涉筆，情見乎辭 〖一九三〇年〗[①]

烟樹凄迷含雨重，蒼岑蓊鬱籠雲深。毫端幻出瀟湘意，畫裏溪山夢裏尋。

題自作《採菱圖》 〖一九三六年〗[②]

菱花菱葉滿吴洲，生小儂家未解愁。采采釃紅傷妾手，慎教心事上眉頭。

① 浙江一通2004秋拍·中國書畫專場（二）第425號拍品，爲徐氏自作《雲山圖》中題詩，是畫原款："庚午二月，徐荃寫於滬上。"

② 太平洋國際2003秋拍·中國書畫（近現代）專場第13號拍品。原款："丙子十月奉爲壽伯硯兄雅教。"此"壽伯"當是陶壽伯，陶氏於一九四九年渡海，然則款中"丙子"或是一九三六年，而非一九九六年。且其字迹、畫風亦不類徐氏晚歲作風。詩題爲整理者所擬。

論畫三絶句題扇 〖一九三八年〗[①]

三尺周昉絶妙圖，盛唐名筆未模糊。傳神貴媍嬰兒子，相見金張堂上趨。

營丘曾寫小寒林，載録清河可撿尋。笑煞人持無李論，空知難得怯千金。

江山重叠亘今古，江水年年漲舊痕。鐵鎖降幡成往事，披圖不畫趙王孫。

題自作《疏林幽居圖》 〖一九四一年〗[②]

亭子清溪上，疏林落照中。懷人隔秋水，無復覓幽蹤。

題林今雪畫山水小幀 〖一九四五年〗[③]

積鐵三千仞，蒼虬百萬鱗。御風凌極頂，豈意滯寰塵。

---

① 普藝第488次拍賣會（2016）·鑪峰集雅專場第22號拍品，原款：“子鶴尊兄兩政，戊寅徐邦達。”戊寅或爲一九三八年，或爲一九九八年，以書迹論，似爲徐氏早年所書，故定爲一九三八年。詩題爲整理者所擬。

② 上海道明第29届聯誼拍賣會（2018）·中國書畫專場第425號拍品。原款“辛巳春三月”，以其字迹之，當是早年，故繫之1941年。詩題爲整理者所擬。

③ 上海朵雲軒2004年第28届拍賣會·書畫瓷器專場第1206號拍品。原款：“今雪此作頗似鷹阿山樵，心遠居士題，乙酉春仲。”

以“家在江南黃葉邨”分韻，得“家”字 〖一九四七年〗[①]

野色迷黃葉，秋原何處家。炊煙林末起，起落數飢鴉。

介莽先生以舊作《浣谿沙》雋句屬補其意，既成復繫短章於後，風雨江城，情懷亦正爾耳也 〖一九四八年〗[②]

鄰牆墮葉一梧秋，欲寫商容補四愁。同是天涯相對處，踈煙淡日闇江樓。

題《竹石圖軸》〖一九四九年〗[③]

曾被姑射煉仙丹，耀壁霞光出洞寬。却被好風吹上竹，龍孫慈顔總朱顔。

---

① 鄭重《應野平年譜》第43頁，上海文藝出版社1992年版。詩題爲整理者所擬。

② 原爲題畫詩，畫見上海嘉禾2013年春拍・梅景風承——吴湖帆及其弟子作品專場（三）第222號拍品。原款“戊子秋”。詩題中之“介莽先生”可能是丘瓊蓀，所謂“《浣谿沙》雋句”指“如此華年長作客，者般江國又經秋”。

③ 上海朵雲軒朵雲四季第18期拍賣會（2019）・中國書畫專場（二）第1233號拍品。原款“己丑春”。詩題爲整理者所擬。

辛丑十月之朔邂逅秋甸黄兄於海上舊居，相感疇昔，亦喜來今，即刻匆匆爲别，則難於爲懷耳，抵京又涉旬矣，偶賦長句寄贈求教 〖一九六一年〗[①]

故人十載别，今夕眼逾青。智過黄旛綽，憂消柳敬亭。尖團辨正韻，清濁倒空缾。君善飲，近苦乏佳醖。公事拘瀟灑，驪謳難可聽。

題自作贈别秋甸第二圖 〖一九六一年〗[②]

昨朝霜信江南好，傅色天公手筆寬。隨處楓丹與雲白，記來一路報平安。

失題一首 〖一九六八年〗[③]

文章在世如元氣，人物盛衰同一致。開圖使我三歎息，乃知作者遺深意。名園蕭瑟懸古秋，白沙翠竹涵清流。豈無尊俎寄幽賞，况有文字能相酬。花前美人美如玉，翠痕冷透冰綃緑。

---

①《書畫作品》圖22。

②《書畫作品》圖23，原款："寫於京寓。"詩題爲整理所擬。未知確切寫作時間，因與上一首同爲贈别黄秋甸之作，故次之其後。

③ 北京盈昌2015迎春書畫精品拍賣會·近現代書畫專場（二）第933號拍品。原款："一九六八年之春書於五羊。"是爲題畫詩，略可疑。

奉題《秋梧選韻圖》 〖一九七五年〗

一枝無覓少秋聲，選韻圖成意自傾。老屋閒情非夢裏，風條還伴讀書檠。

翌日又書一首，轉前詩意以獎詞人之好事云 〖一九七五年〗[①]

豈把無聲替有聲，詞人漫道易心傾。龍門鳳羽王融賦語。風流在，譜入琴絲映短檠。

跋周汝昌背臨《蘭亭序》 四首 〖一九七五年〗[②]

山陰曲水漫流觴，繭紙昭陵事豈荒。矛戟森嚴拋定武，綺羅温雅寫西堂。梅粧奩啓雲花滿，筆陳圖僞文也。虛緩急詳。眼底有神欣所遇，斜行晉髓獨能商。

謹毛失貌理同嗤，逸志何京想獻之。大道會通嬗百世，《大道帖》傳世見有老米臨本，不規規於形似也。小人步學惑當時。華亭懸解生中熟，雙井旁參黠更癡。借喻，已非山谷原意。換骨金丹只一

---

① 原款“乙卯秋七月十四日”。以上二首見王焕墉《詩情四季》第222頁，天津古籍出版社2014年版。

② 此四詩原跋於周汝昌背臨《蘭亭序》長卷之後。影印件附見周汝昌著、周倫玲編《永字八法：書法藝術講義》（廣西師範大學出版社2015年版）書後。詩題及“四首”二字皆爲整理者所擬。其第三首原署“乙卯”，兹將此四詩皆繫之該年。

味，寒江注目句多奇。

作畫求形似，見與兒童鄰。作詩必此詩，定知非詩人。八法囿六藝，一理敢粗陳。右軍本鍾衛，永和得其新。臨河趁遒媚，瀟灑出風塵。借青蓮句。咄咄陶貞白，眼高摩青雲。李唐推鼎足，歐虞褚最尊。深曬鵞池墨，搨寫亦何勤。定武下黄絹，世上劇紛紛。天曆誠目想，所謂虞樵本。人云且亦云。筆法千古一，松雪十三跋中語。丰神各自伸。所以楊風子，許到山陰真。下士聞之咲，愚蒙誚等倫。五日芾親摹，仍不束於珍。趙家五百本，鷗波極精醇。魚熊唯一擇，定向顛染踲。寂寞侵數紀，吾子獨苦辛。長安塵海訪作者，信錐處囊鶴立群。睥睨齊梁統，拘滯識永欣。徐浩評。屋下恥架屋，願羨透網鱗。二十八行三百字，融君髓腦會於神。扶桑美儂日本紙名。比繭帋，書來驚倒過半山。我腕豈有鬼，幸察眼未昏。繞床大叫酌大杓，風騷一例招楚魂。

髩白已驚韋，衫黄敢效蕭。且從蠅附驥，不使佛頭遭。前來書又命作八分題卷首，亦同榜書也，却之。以小句附書於後，博咲咲，詩學米體。

聆露布十月六日事喜心翻倒有作 〖一九七六年〗[①]

陰霾豈翳日光華，氣暖陽春意倍賒。存漢從原衣左袒，棄

① 徐書城供稿第18號，原款："二十四日書李菴稿上叢碧詞家。"又，太陽國際·中國書畫拍賣會（2015）第3028號拍品，款作："一九七六年十月二十四日書事，次歲之春録於京華客寓小石橋蠖室燈下。""從原"作"從來"，"定易"作"定祇"，"隨杜老"作"思杜老"。詩題所云"十月六日事"當指1976年10月6日粉碎"四人幫"事件，故將此詩繫在1976年。

奴借《急就篇》中字爲戲，定易手輕叉。林林赤葉明神闕，總總丹心結麗霞。漫卷詩書隨杜老，不知倒著見烏紗。

附：張伯駒和詩[①]

詠十月六日事和李菴詞兄

陰翳全消日又華，洋洋喜氣興偏賒。光明高見秋雙月，左右長分路兩叉。夏后盡知成禍水，洛神難比望朝霞。沼吴終共鴟夷没，何似蘿溪去浣紗。

孝萱先生寄示大著《補正東園圖攷》，詩以酬之 二首 〖一九七六年〗[②]

淮海維揚一俊人，借。東園規格指如新。袁江。先方士庶。後應論定，畫舫重翻别問津。

十里長街廿四橋，月明歷歷記前朝。披圖莫羨揚州鶴，汗血凝時覆浪潮。

---

① 張氏此詩書於徐氏原唱詩同紙紙尾。

② 西泠社印2016年春拍·中外名人手迹專場第2089號拍品，原款“一九七六年五月書”。“二首”二字今補。孝萱即卞孝萱。

和東坡題《煙江疊嶂圖》韻 〖一九七六年〗[1]

海市頗喧湯向山，安期塵埃化雲煙。怪君何從袖中出，令我俗眼心灑然。瀰漫幻矞竟量測，何者爲山何者泉。惟見突兀氣壓頂，筆勢傾瀉倒百川。層層疊嶂百靈擘，煙江平鋪几案前。寶繪麗圖有金碌，落落君更全其天。譬之端嚴文左喻，魏徵嫵媚爾同妍。平生推奇破墨手，汗顔直使棄硯田。神遊八表絶畦町，超忽連緜高千年。吁嗟乎，往時苦憶江頭僦，無山多竹聯便娟。雨煙總識着簑笠，入州復喜對床眠。窈窕蒙蒙大濠曲，蘭舟或漾小神仙。旅食神京偶歸來，雪鴻印爪信仍緣。熱腸瞠目豈能已，撫卷和此愁心千疊篇。

丙辰十月爲夢園題宛若雙圖之後 二首 〖一九七六年〗[2]

積翠浮空寶繪三，千年一筆爾相參。長安未説望山上，反坡詩語。袖裏煙雲意更酣。

愁心千疊豈留痕，董巨荆關別自尊。蹤迹杜陵曾出峽，推篷是處即真源。

---

① 此詩與下二詩寫於一卷，即據後二詩之時間繫年。

② 以上三詩寫於一卷，見中貿聖佳2006秋拍・中國近現代書畫專場（一）第203號拍品。宛若即陸儼少。

丙辰感興二十首，作於丁巳春，隨興走筆，無復詮次 〖一九七七年〗[1]

玉宇澄清萬里埃，承毛主席句。光華浴日紫雲開。漢家何啻兼平勃，聖禹神功巍九陔。

妄飾新筌肆蠆蜂，黨碑隨礎卧嚴風。酸吟那復桃花樹，用蔡京事。只識唐家待易宗。

人心公道總無慙，負罪猶聞哭李嚴。闕下縱弊千古幘，諸生只爲怨秦讒。今之檜乃有四。

十二臺童信有之，詭辭獐鹿借王元澤事。偶逢時。鈞勾想接任公子，拔劍王郎聞曾出械拒縛，未成。割甫詩。取杜詩半句耳。

皮囊射血衆尤惡，敢於射“天”而三人成衆也。旄仗懸頭一未多。合之成四。躍鯉憑高三級浪，朝謌反掌泯商苛。

日萬何曾難下箸，教人糠覈亦能肥。無車那問馮驩鋏，流水春風上釣磯。

向時漢傑竊前良，末迹淮陰夜未央。不及新符空有感，定林蕭散豈荆王。張丑曾妄擬王安石。

媚骨傳神奪此字雙關。賽金，投夷禧后若爲尋。書成外傳驚唐漢，馬可孛羅。東游識此心。

深文餘唾接官家，基礎任權作衆譁。喉舌還輸秦吉了，偏

---

① 硬筆稿第1號。

它啄屋白頭鴉。

殿上蒼鷹問孰同，階前熾饔請君從。從今堪殺真興周。俊，來。猶恨狂言毒有功。此輩欲殺人，應殺正屬此輩。

佛骨元和去退之，八司馬事爾何知。雉丑以韓退之亦爲八司馬之一。江州應有天涯恨，不約青山獨往時。江洲幸未預得毋遺憾，絶倒絶倒。

逵賈。父如何有一充，瀈兒劉。産禄却淆同。已清君側狡童石，石碏之子。家祭無忘告乃翁。借句。

蝸涎牛躅强相同，陰揣劇憎許敬宗。所謂蝸牛事件助虐者，許其姓。四皓深居偏羽翼，白眉良也。委鬼笑隨風。《新四皓詠》見之傳抄，爲近日學人笑端。

黄口妄知率序庠，書輕名姓記譸張。某之姓。琉璃撞碎花飛散，絶智任愚指大荒。《山海經》有《大荒經》。

按膝琵琶用長樂老兒事。傳粉郎，趫騰胡旋壓霓裳。傳呼赤鳳知何處，燭影摇紅玳瑁樑。

唐宋絶倒兩行莫，不因耕戰免周章。大漠彎弓射雕子，忽必烈。長垂法治招熙皇。

藝來繡苑待瓊株，凍雨酸風稀地無。喜得迴天股七七，嫣紅姹紫一時敷。

竊攘三王世有三王造反之説，原指吴三桂等，今借用之。預大謀，一朝廷尉望山頭。欃槍分掃冰山涣，稍喜東南挽倒流。

安起於北方。史思明父子。兇鋒挫幾時，亦看諸吕暴臣危。陶詩“臣危肆威暴”，當出《山海經》也。啾啾土偶嘲漂木，義山詩“敵國軍營漂木梯”，合土木偶對語事以况林髡恰當無間。風雨縱橫及自悲。

一擔冠猴竄市城，演官人獸崑腔有《人獸關·演官》一折。竟難名。戲來槐國同袍笏，掃穴終堪覆蟻營。

丁巳冬日張夢白兄偶來京師，陳君次園招飲旅寓，作陪末席，座中更得公紱趙子，皆吴人而北客者，因賦此見意 〖一九七七年〗①

江南一别世棼如，喜接罾還意有餘。雲路同飛何主客，風華漸盛得舒徐。鳳城白几用松雪事，屬君也。憑多興，韓圃繁花看未虚。屬夢公。更愛孟公能好事，始來定免食無魚。屬次公。

瞻仰毛主席紀念堂落成敬賦 〖一九七七年〗②

萬代承光烈，遺謨展馬恩。日華終被炤，嶽色並留存。傑構凌青漢，深恩澈九原。東方紅映處，世界啓蒙昏。

---

① 徐書城供稿第23號，原款後尚有“各書一紙贈三君，此則分貽公紱者，謹志數語於後”諸語。詩題據原款。

② 徐書城供稿第13號，原款：“一九七七年冬日作並書。”

國治同志以其先翁散木《書譜釋文》見示，並屬題翁印存之端，口占二絶句贈之，時同客京華 〖一九七七年〗[①]

中郎有女劇無倫，奕葉風華見似人。運筆遺誰通奥窔，何尋下士與求真。《書譜》亦稱《運筆論》。

擬書未恨誠居後，詠絮能稱總繼前。一卷題耑方寸鐵，臨池難憶隔籬邊。申浦與散翁爲鄰。

題謝稚柳畫《芭蕉菊石圖》〖一九七七年〗[②]

譜出聲聲雨，掇成朵朵金。團圞佑石友，灑墨滴清心。

戊午成都食柑戲作 〖一九七八年〗[③]

三寸黄柑破也香，并刀莫誤譜周郎。清真。霜前何必同艫玉，總愛江南是故鄉。

---

① 浙江大地2014秋拍·清芬在手——佛教類及同一上款同一藏家專場第363號拍品。原款："一九七七年冬十二月十五日。"

② 北京駿環偉業2017春拍·中國書畫專場第215號拍品。原款："一九七七年秋日。"

③ 徐書城供稿第21號，原款："庚申春日爲觀孚同志書。"又，大唐國際2006首屆藝術品拍賣會·國畫油畫專場第303號拍品。"清真"作"片玉"，第三句下有小注"用襄陽詩中字"。

錦江作 〖一九七八年〗①

輕雷隱隱錦江潯，緑樹清森餞晚春。料得武侯祠廟近，杜陵薦後更何人。

題山谷老人真迹之後 二首 〖一九七八年〗②

瘴雨蠻煙倚竹枝，郎州風味涪州知。杜籐撼處渾橅得，辭句澠陵起墨池。

未必香山有不能，高評直爲濟深膺。寫來無佛稱尊處，比蹵城南厭暑蒸。

渝州山城多奇觀，人有以三劇名形容其朝、午、暮時者，戲依賦三絶句 〖一九七九年〗③

朝朝爲行雲，雲墮或成霧。都以霧知名，禦寇曾緣護。霧

① 徐書城供稿7號，原款："戊午之春錦江作。"又，河南鴻遠2011年首届藝術品拍賣會·重要私人收藏專場第609號拍品，題"蜀遊絶句之一"，上款"書奉玉璋同志屬"。

② 淵迪按：此二詩余昔年拍攝，置之篋中，日久忘其出處。原款"一九七八年之冬"。又詩後有跋曰："山谷另有元符二年在戎州城南僦舍盛暑書夢得詞一跋，與此卷當皆晚筆也。""二首"二字今補，原迹於二詩下各注"一""二"小字。

③ 廣東崇正2014春拍·報緣——香港報人六家舊藏書畫專場第230號拍品。原款："己未初夏在渝城作，書贈羊璧先生哂哂。"

重慶，早。

天幕終朝白，亭午破長風。羲和湧馭出，歡此一輪紅。日出，午。

暝色入高穹，敷染金壺汁。銀河足下開，翻説萬家邑。萬家燈火，暮。

無題詩之一 〖一九七九年〗①

綺席華燈此夜中，蓬山莫道見仙容。芙蓉繡縟包香玉，琥珀春濃染素龐。有意無窺佯默默，通情密握恨匆匆。袷衣堪倚闌干角，缺月憐人故滯東。

海西學子贈咖啡，謝以此詩 〖一九七九年〗②

海西香飲勝蘭湯，乳酪還憐作佐郎。宋有著作佐郎之職，此戲借用其字。急送蕭齋閑領略，詩思助與入微茫。

---

①《書法集》第14頁，原款："一九七九冬作。"

② 嘉德四季第十三期拍賣會（2008）·中國書畫專場（二）第2396號拍品，原款："己未冬十二月。"

題四明天一閣 二首 〖一九七九年〗[①]

偶來傑閣坐書城，天一聲華仰四明。萬卷當年宜子弟，從今廣澤到群生。

玉躞金題肆搜討，橡林神遇眼終青。檢得梅花道人樹石一種甚佳。名花異石應環供，一水還教厭六丁。

己未除夕作 〖一九七九年〗[②]

深沈院宇將除歲，謌管迎春已動頭。莫笑老去無聊賴，還堪詩酒有新酬。

五羊四時落葉，亦四時葉葉常青，偶拈二十八字詠之 〖一九八〇年〗[③]

四時落葉見天心，剥復何愁歲月侵。獨立風前還一咲，哪咤胎骨此中尋。

---

① 駱兆平編纂《天一閣藏書史志》第312頁，上海古籍出版社2005年版；又《書法集》第6頁僅録第一首，該幅原款："二零零零看秋八月。"

② 厦門翰風2013春拍·氣貫長虹——中國書畫專場第104號拍品。原款："庚申之春書奉馨泉先生屬。"

③《書法集》第87頁，原款："庚申作，甲戌書。"

題自作山水圖軸 〖一九八一年〗[①]

蒙蒙篁竹壓前溪，溪上杜鵑不住啼。由[顯]黄陵廟下日，山遥水遠總凄迷。

題王己千贈蕭平《竹石圖》〖一九八一年〗[②]

王兄蕭弟都珍重，千畝胸中盟歲寒。爲憶鷗波曾作句，兩竿煙雨一房山。昔高彦敬爲龔子敬作竹石，趙鷗波題之有"兩竿煙雨"之語，此及之云。

題鞏縣杜陵故里，其墓則在邙山上，詩以弔之 〖一九八一年〗[③]

開天往事判清昏，信有孤臣豈忍論。弓箭行人邊外血，網羅遠客夢中魂。七諤同谷悲終曲，一櫂湘江屬漲痕。故里從知未埋没，邙山落照聽哀猿。明周叙經《少陵墓》詩有句云"哀猿悲落照"。

---

① 中國嘉德1998秋拍·中國近現代書畫專場第302號拍品。原款："辛酉人日。"

② 賈德江編《畫壇儒風——蕭平藝術人生》第185－186頁，北京工藝美術出版社2012年版。原款："辛酉五月爲平君書於己千兄圖上。"

③ 硬筆稿第19、20號皆書此詩，其第19號爲初稿，20號爲定稿。兹以定稿爲本，校初稿異文。首句"判清昏"初稿作"豕狼奔"；"網羅遠客夢中魂"句下初稿有注曰"公與青蓮最爲莫逆"。原注收信日期爲1981年6月9日，據以繫年。

贈畫蕭平伉儷并賦寄蕭平、正玉佳偶 〖一九八一年〗①

京華騎馬自年年，雁叫西風夜不眠。岸柳衰黄山剩碧，爲君無盡寫江天。

辛酉秋作於蘭亭 二首 〖一九八一年〗②

茂林修竹映崇山，内史高名想像間。遺搨至今憐遠宦，右軍有《遠宦帖》唐橅本傳於近世，余正遠遊卅年未歸。東來弋釣敢容攀。

二王有法豈陳陳，虎卧龍跳自得真。莫恨臨河無善迹，鼠鬚繭帋一番新。是日雅集即席揮毫者多人。

辛酉秋夕谷牧副揆招閒話，贈去歲所作山水一軸爲贄，並識小句以見知遇耳 〖一九八一年〗③

静夜曳裾非漫士，殷勤却憶半山翁。昔米元章於鍾山謁王荆公，公款待之甚殷。高山流水橅唐韻，能借卧游總未工。

---

① 富彼國際2008秋拍·中國近現代書畫專場（一）第116號拍品，原款“辛酉之秋”，又收賈德江編《畫壇儒風——蕭平藝術人生》第186頁。詩題據後者，繫年據前者。

② 浙江盛世2014春拍·中國書畫專場第292號拍品。“二首”二字今補。

③ 廣東崇正2017春拍·九藤書畫藏名家書畫專場（五）第53號拍品。此詩題就原款略加改動。

虚之先生從南洋寄我佳什，蓋曾於倫敦獲覩虎頭《女史箴圖》名迹，滄海遺珠，有感成詠，輒賦二章爲報 〖一九八一年〗[①]

卅年滄海贖遺珠，建國卅年來曾爲文物局鑑收流落海外古書畫也。女史終捐漢婕妤。信有殘縑承至意，炎洲相報恨何如。

六法驚追何道州，公書直過何子貞。才情江海合無儔。一様癡心兩愁絶，期歸皂帽挹風流。

題姜寶林《春江帆影》詩 二首 〖一九八一年〗[②]

繪林傳法有誰明，慧眼高情許者盟。相看雲山傾一筆，臨窗抱臂魯諸生。

亂離書畫熟相聞，晚喜蒲齋從識君。古木周遭連袂處，虚堂後日望南雲。

題金冬心畫梅詩之一 〖一九八二年〗[③]

誰是昔耶真知己，要看時習可銷除。項羅辨識何須問，别

---

① 中國嘉德2013秋拍·重要私人珍藏（六）專場第1141號拍品。原款："辛酉冬日。"

② 殷雙喜、陳政主編《當代中國畫文脈研究·姜寶林卷》第113頁，江西美術出版社2009年版。原款："辛酉殘臘。"

③ 章耀先生所提供之徐氏手迹，原款："一九八二年春日書。"

有高情淡更疏。

壬戌春偶遊瀛臺作 〖一九八二年〗①

涵元往事不須尋，早晚寒雅舊史心。林琴南先生有詩云“凄凉亭北涵元殿，只有寒雅早晚朝”，蓋傷光緒帝被幽禁也。此日驕民異龍袖，傍花隨柳作新吟。

壬戌四月五日文略先生從港晉京，同集芷若小樓，杯酒論藝，言笑爲歡，飲罷更攝影留念，翌晨作此二絶句紀事，即書贈賀公 〖一九八二年〗②

醉横青眼坐高樓，論藝如君亦寡儔。此夜鳳城春意在，豈知還是客中游。

通神六法企宣和，花鳥多情奈爾何。主客更憐留勝事，寫真閃影伴青蛾。

① 北京翰海2003第37期週末拍賣會·中國書畫古董珍玩專場第1159號拍品。
② 安徽藝海2008春季中國近現代書畫專場第404號拍品。芷若乃滕芳女士。

一九八二年游運城眺中條山陰鹽池，池北有寶應靈慶池神廟賦此 〖一九八二年〗①

南負中條千丈陰，皚皚璨璨積脂深。生民豈藉神司佑，遊目能開洞户森。樓紀海光珉礎盡，碑尋元曆土花侵。空階相見今從事，今之管理者。閒説修垣衛護心。

題永樂宫元人壁畫 〖一九八二年〗②

負趨棟宇比神功，四壁丹青内教風。識得畫人朱好古，胸羅無極表僊蹤。

題畫 〖一九八二年〗③

隔江山色罨晴雲，腕底何輸宗少文。莫怨秋風歸夢遠，黄蘆苦竹似西興。

---

① 此詩所見四書：一九九四年書，見《岑其美術館書畫名作》第55頁，中國美術學院出版社2010年版；一九九六年或一九九七年書，見《書法集》第52頁；二〇〇二年十月廿一日書，見《書畫作品》圖59；二〇〇二年十月書，見徐書城供稿第14號。四本於詩文無異文，於詩題則皆有小異，此處詩題據徐書城供稿第14號。

② 敬華（上海）2018秋拍 · 暂得欣遇——同一上款、文物系統舊藏專場第20號拍品。原款："壬戌之夏書奉天雲同志之屬。"

③ 國務院辦公廳老幹部處編《中南海迎春書畫展作品選》第35頁，人民美術出版社1985年版。原款題"壬戌之冬"。

題羅兩峰畫《推篷墨梅圖》〖一九八二年〗①

野路酸香春正蘇，朱林綺筆見規模。所南老子推篷竹，鄭有推篷竹短卷傳世。舉世雙清更有無。

蘭亭重治，主事者屬橅書聖二十八行張壁。達何人，敢爲歐褚之續乎？爰作二小章爲報，且執今歲修稧左券云〖一九八三年〗②

修竹幽亭意象新，班荊曲水頫粼粼。鵝池宅泛千年墨，少長群賢古有倫。

才盡願斟金谷數，詩來更許接流觴。山陰繭帋風流絶，依様何徵廿八行。

---

①《書法集》第17頁，原款："二〇〇〇年秋九月……書舊作於京華客次。"中國嘉德2006年第1期嘉德四季拍賣會·中國書畫專場（二）第951號拍品，原款："題羅遯夫《墨梅小圖》書奉以和陳子莊畫《梅花圖》，壬戌冬。"

② 上海泛華首屆藝術淘寶拍賣交易會·中國書畫專場第一場第396號拍品。原款："一九八三年春即癸亥上巳前二日書於京寓。"

癸亥中秋偶去故里，即舊時硤石鎮也，夜宿旅寓題此，寓正對西山，蓋兒時嬉遊之地，故詩中云云 〖一九八三年〗①

故鄉蟾窟夜明圓，此夕人歸在雁先。最是推腮西麓紫微山也。影，可留足迹舊時年。

一九八三年秋與芷若錢塘觀潮 〖一九八三年〗②

月吸灣吞海若驕，驚雷卷雪勢滔滔。從來天理悟人理，强弩何曾抑怒潮。

西泠印社八秩週慶盛會即席題此 〖一九八三年〗③

西泠佳氣媚霜天，印社交當八十年。海客鄉賢連綺閣，龍蛇走處競新妍。

---

①《書畫作品》圖69。

② 閆彦、朱明堯主編《錢塘江潮詩詞集》第203頁，浙江大學出版社2012年版。此詩徐氏1987年曾書一條幅，見2011中原秋韻藝術品拍賣會·中國書畫專場第531號拍品。

③ 西泠印社2020春拍·中國書畫近現代名家作品專場一第772號拍品。原款："一九八三年秋……爲潤芝女弟書。"

題啓功作《枯木竹石圖軸》〖一九八三年〗[①]

日暮憐鴉寒，無聲想啞啞。願得一枝棲，况復鄰高雅。

題自作《老榕圖》〖一九八四年〗[②]

樛木南天隨處迎，“樛”代“糾”字用，非《毛詩》“南有樛木”之“樛”耳[③]。盤根錯節勢峥嶸。何論材大難爲用，能使炎銷俗慮清。

到曲阜謁孔子廟堂，時正重新廟貌，整飭殿堂，又觀魯壁，謹題二章，今歲爲其二五三五誕辰，因書此留以紀念也[④]〖一九八四年〗

□□□□□□□，□□□□□□□。至今洙泗懷陳迹，一

① 藍天國際2002秋拍·中國書畫專場第39號拍品。啓功原款：“一九八二年作，翌歲冬識。”詩題爲整理者所擬。

②《書畫作品》圖1，原款：“閩中粵西多榕樹，枝幹繁茂樛結，拔地參天，大者可致數畝之蔭。近年幾作南游，輒圖其狀，此其一也。甲子春并題於京華客寓。”詩題爲整理者所擬。

③ 此注原題於詩末，兹插入句中。

④ 北京匡時2015春拍·近現代及當代書畫專場第331號拍品。原款：“甲子八月。”原詩書於一條幅，該條幅數見於拍場，然各圖録所見皆缺第一首前二句，但願他日能够補齊。

代栖栖説魯宫。

論述陳言未盡非，桓魋近世更猖披。重光日月存文物，廟貌仍新事豈微。

沈園重葺題此以供疥壁　二首　〖一九八四年〗[①]

更葺亭臺補種花，城南憶舊夕陽斜。人間一曲釵頭鳳，天上雙星怨豈賒。

無端夢斷閒池閣，白髮詩懷總未平。橋下春波依舊緑，照人千古一含情。

甲子之秋暑氣仍熯，來尋宿城佳勝，坐滴水崖下，凉侵毛骨，不復知有塵炎也，口占一絶句紀之，登年同志未與同遊，因書以爲告　〖一九八四年〗[②]

天工妙自織珠簾，挂上屏風積鐵簷。七月來尋幽奥處，坐深凉澈隔塵炎。

---

① 北京明珠雙龍·2009第二届大衆典藏拍賣會第20號拍品，題“沈園重葺題此以供疥壁”，原款“甲子秋月”。又，青島天麒閣2008春拍·中國書畫、油畫水彩專場第118號拍品。“總未平”前者作“總豈平”，頗不辭，據後者改。

② 北京保利2016春拍·古事——文人生活專場第3787號拍品，原爲題畫詩，原款：“記於雲臺山賓館時晨窗下。”

題奉陳嘉庚先生一百一十週年誕辰並造像揭幕紀念

〖一九八四年〗[①]

貨殖新傳抵史書，范金豈只識陶朱。傾資樂育希風米，廣厦弦誦到海隅。

新中國誕生卅五年大慶 〖一九八四年〗[②]

天翻地覆開新紀，卅五年光纔眼清。老我不辭策駑鈍，絶塵敢説後群英。

甲子十月南行重游上海龍華寺，見修葺一新，頓還舊觀，晚饌伊蒲於丈室，欣然有作 〖一九八四年〗[③]

三年重踏龍華路，大刹金輪熠眼明。玉版能參同一醉，不憐桑下總凝情。

---

① 厦門大學檔案館選編《厦門大學館藏珍品・書畫卷》第141頁，厦門大學出版社2011年版。原款："一九八四年冬十月。"

②《書法集》第136頁。

③ 南京經典拍賣有限公司2019年春季拍賣會"中國書畫"專場第133號拍品。

漸江師逝世三百二十週年紀念會上作 〖一九八四年〗[①]

淡墨輕嵐別一支，雲林去後問誰知。高情更攝黄山骨，三百年來拜漸師。

乙丑七月銷暑青島 〖一九八五年〗[②]

三趙何曾問筆端，丹林碧岫自人閒。登臨未蠟阮公屐，樓上氤氳望裏寬。

《楊柳枝》民謡最古，白樂天、劉夢得皆補新曲，暇偶效爲之，此其五也 〖一九八五年〗[③]

絶調江州與郎州，新翻楊柳曲中收。春風無限多勾引，露葉如啼嬌合流。

去日銷魂緑萬絲，重尋立到月殘時。那將綰得同心結，不再人間管别離。

六朝人物幾多空，麗日江山滿眼中。朱雀航頭連白下，門前楊柳舞春風。

---

① 芝蘭文化主編《芝蘭藏畫》第33頁，西苑出版社2011年版。原款題“甲子”。

② 中國嘉德2001春拍·中國近現代書畫專場第478號拍品，原爲題畫詩。

③ 北京榮寶2000秋拍·中國書畫專場第189號拍品，原款：“乙丑秋日。”

錢塘陌上花開日，蘇小墳前柳拂煙。客夢曉風殘月外，新詞傳唱柳屯田。

不見長條帶月痕，寒煙寒水罨孤根。多情若是香山老，放去楊枝易斷魂。

故宫博物院成立六十週年 〖一九八五年〗[①]

前朝王氣總湮淪，遺闕輝煌望轉新。彝鼎豈仍宗社重，圖書猶檢石渠珍。禁庭翠柏虛華蓋，金水瓊波許釣綸。六十年來誰作主，要將博物付群民。

一九八六年三月作《吴江初雪圖》并題[②]

冬月吴江未沍寒，長橋遠樹若含煙。霏霏初霰空濛裏，甫里先生何處邊。

① 江成《徐邦達》，《當代海寧人》第49頁，詳附録二。

② 北京保利第26期精品拍賣會（2014）·呈瑛——近現代書畫（二）專場第4109號拍品，爲題畫詩；又，上海鴻海商品2009春拍·古調今韻——中國傳統書畫專場第461號拍品，此詩單獨寫成一條幅，“未沍寒”作“寒未堅”。

桂州伏波岩壁上有米元章題字及立像，余瞻拜並留影其下，復成此一絶句以志欽仰焉 〖一九八七年〗[①]

指點何時臨桂尉，嶙峋秀骨著巖前。風牆陣馬題名後，頫仰從公八百年。

自題畫絶句 〖一九八七年〗[②]

空江煙樹遠迷離，望裏長橋壓水低。一笠一簑看獨往，無人知是陸天隨。

一九八七年六一國際兒童節江蘇省藝文界群彦聚集金陵飯店六朝春佳麗廳，余適南游，喜陪末席，詩以張之 二首[③] 〖一九八七年〗

絶説六朝春，焉知此日新。群賢少長集，筆會見精神。

新苗壯茁重寰球，筆下生花頌豈休。六一金陵佳麗地，敢追群彦綴新猷。

---

①《書法集》第35頁，原款："一九八七年書於京寓。"

② 河南金帝2008秋拍·中國書畫專場（一）第507號拍品。原有受贈人跋，謂書於一九八七年五月。

③ 北京長風2008秋拍·中國近現代書畫（下）專場第445號拍品。

論書絶句 四首 〖一九八七年〗①

神龍定武劇紛紜，樛葛空顛王右軍。虎卧龍跳真即善，何勞藺㐾獨清芬。

心存目想稱虞七，集古猶然腕下通。莫恨臣無二王法，透鱗雋語識張融。

顛張絶世總難求，糾結緣何到彦修。試測煙條連四帖，華亭轉語總悠悠。

書題壁滿楊風子，畫看人扶米虎兒。此地琳琅驚衆目，不論古筆重今時。

贈沈穎麗 〖一九八八年〗②

漢白元朱方寸鐵，末三字用元朱珪事。亦集古法亦開新。乞求

① 第一首見北京傳是國際2004春拍·中國書畫精品專場第54號拍品。第二、三首見西泠印社2014秋拍·中國書畫近現代名家作品專場（一）第178號拍品；第三首又見西泠印社（紹興）2017秋拍·中國書畫近現代名家名作專場（二）第475號拍品，原款“丁卯秋初”，據以繫年。後者有異文：“絶世”作“述筆”，“到”作“傍”，“試測”作“絶倒”，“總悠悠”作“亦悠謬”。第四首見安徽九樂2019秋拍·四海集珍專場第505號拍品，原爲條幅，失題，然題款爲“一九八七年春日”，與前三首爲同一年所書，且其内容亦爲論書，故合於此處。詩題并首數皆整理者擬補。

② 上海嘉禾2013年春拍“梅景承風——吴湖帆及其弟子作品專場三”第219號拍品，原款：“穎麗女史。浙之西泠人，工篆刻。余見其近作，歎爲妙絶，亟乞求賜製小印，寶之文房，想不吝奏刀耶。一九八八年一月五日……並識。”詩題爲整理者所擬。

什襲文房寶，家數西泠延八人。

武昌重建黃鶴樓，戊辰春來遊，口占 〖一九八八年〗①

玉篴仙人舊有樓，曰歸黃鶴快今遊。晚來煙鎖堤邊樹，難見長江不盡流。

失題詩一首 〖一九八八年〗②

岡下設柴扉，遺塵自息機。一簾春雨足，數畝稻苗肥。斜日初沈閣，晚風時拂衣。谿邊將艇子，鳧鴨與同歸。

米元章少宦南中而未聞其圖灕江，何耶 〖一九八八年〗③

半江山色半江煙，點點跳珠撤兩舷。聞説謫還舊此地，我來却傲米家顛。

---

① 山東恒昌2006迎春藝術拍賣會·近現代及當代名家書畫精品專場第146號拍品。

② 深圳華奇2006迎春書畫精品拍賣會第277號拍品。原款“戊辰之春”。又，上海崇源2005秋拍·醉月樓藏畫專場第362號拍品。前者爲横幅書畫作品，後者爲題畫詩。

③ 鑫鑫源國際大衆藝術精品拍賣會·書畫專場第1009號拍品。原款：“戊辰之春。”

題自作《登泰山圖》〖一九八八年〗[①]

昔過岱宗趾，未升岱宗巔。足下無胼胝，懶俗病難指。平生丹青有深癖，欲師造化心手格。低頭只讀杜陵詩，齊魯神秀當目擊。小箋偶爾瀉吾胸，青巒一一在咫尺。圖中杖策杖者誰子？道即先生此曳屐。絶頂忽然仰天笑，空將衆山培塿斥。縱稱岱高失崑崙，還怯珠瑪更難及。何者爲首何者最，我恥若曰世無匹。

一九八八年五月珞珈山館園池上作并圖〖一九八八年〗[②]

淡白長天月影西，輕風時抑柳枝低。遥山帶霧迷離見，密樹藏鶯自在啼。一架新花紅頰靨，半池春水緑玻瓈。安從閑處尋佳趣，淡淡鳧蹤興未移。

武昌金口重訪舊賃廡處，屋外桃花已盡折爲薪矣，有感賦此二首〖一九八八年〗[③]

千樹桃花江步栽，廿年曾此小徘徊。重來屋角勤尋覓，搔

---

① 北京傳是國際2006新年拍賣會·中國書畫專場第206號拍品。原款："戊辰三月蠖叟詩。"

② 北京翰海2006秋拍·中國書畫專場（一）第17號拍品。

③ 中國嘉德81期周末拍賣會（2004）·中國書畫專場第1128號拍品；又大唐四季2010春拍·中國書畫專場第286號拍品，只書此第二首，無跋，有年款曰"一九八八年六月"，兹據以繫年。

首踟躕踏緑苔。

桃花休説笑春風，剪伐何堪此日空。不藉緑章護西府，筆留紅粉傲天工。

題白石老人真迹 〖一九八八年〗①

胡盧蟈蟈，風致悠颺。筆簡意賅，齊老擅場。

金陵莫愁湖詩 〖一九八八年〗②

澄淥含暉映石頭，六朝綺麗句難收。點脂抹黛新妝裏，初嫁真應説莫愁。

偶題一首 〖一九八八年〗③

蝴蝶一生花裏活，借。蹁躚舞罷翅猶香。人間若問春消息，且指荒唐説夢莊。

---

① 佳士得香港2019春拍·中國近現代書專場第1268號拍品。原款："一九八八年夏六月。"

② 李遇春《文物鑑定叢談》第12頁，廣東人民出版社2010年版。原款："戊辰二月寓五羊城作并詩。"

③《書法集》第3頁，原款："戊辰春暮作於武昌客次。"

題自畫墨筆山水 〖一九八八年〗[①]

秃管殘煤亦費神，胭脂多買笑時人。只將水墨近兒戲，付與南中李遇春。

奉題以頌海寧市圖書館啓幕之吉 〖一九八八年〗[②]

華屋蘧蘧羅萬籤，故鄉文化見高瞻。何論舊學兼新學，取用無間無盡拈。

題蕭平畫荷 〖一九八九年〗[③]

水面風來菡萏香，窺魚翠羽水中央。蕭生合有新奇格，何問青藤與白陽。

---

① 李遇春《文物鑑定叢談》第13頁，廣東人民出版社2010年版。原款："戊辰二月寓五羊城作并詩。"

② 海寧圖書館編《海寧圖書館館藏書畫》第66頁，西泠印社2004年版。原款："一九八八年七月。"

③ 賈德江編《畫壇儒風——蕭平藝術人生》第185－186頁。時間據書原注。

題自作山水一首 〖一九九一年〗[①]

孤亭翼翼望雲端，峻嶺還從十八盤。老去渾難追謝客，且憑目想寫高寒。

怡怡外孫女六齡入學，作此數語期之 〖一九九一年〗[②]

六載流光電掃，階前喜茁芝蘭。今日垂髫幼塾，他年身致雲端。芝蘭典借用。

跋《贈別秋甸圖》二絕 〖一九九二年〗[③]

點染雙牋憶別時，長謌續尾記交知。白頭重閱閑情減，草草言懷敢當詩。

叔度汪汪最服膺，藝能今已失依憑。相遺草稿徒留世，小字還羞癡凍蠅。

---

① 嘉德四季第十五及第十六期拍賣會·中國書畫專場（三）第536號拍品。原款："辛未之夏。"詩題爲整理所擬。

②《書法集》第26頁，原款："一九九一年秋九月。"

③《書畫作品》圖33，原款"此三十餘年前爲黃君秋甸舊作，不知何時流入市間，今爲鎮江市博物館收取。一九九二年携示屬識。黃君下世已久，余亦年逾八十矣，放筆嘅然。"詩題爲整理所擬。

王鐸書法館成立 〖一九九三年〗[①]

孟津筆格揖倪黃，鴻寶、石齋。博大雄深自有方。易世何須論曲直，《擬山園帖》總留芳。

一九九三年十月遇雷奇先生，約以來歲訪日本閲覽書畫古本，詩以謝之 〖一九九三年〗[②]

喜君贊劃御長風，萬里東邦指顧中。禮失野求待來日，江南遺墨指欲訪覽之董元《溪山行旅圖》、智永《二體千字文》，皆江南物也。饜心胸。

甲戌春爲漢鵬同志題宛若兄遺作 二首 〖一九九四年〗[③]

雲山滿目氣清蒼，得意傳名米大郎。丘興探微能匹敵，別來泉路竟茫茫。

四十餘年練水游，今披遺墨想綢繆。畫堂藻鑑相親後，一九八一年夏與君相聚於頤和園藻鑑堂。六法何從再討求。

---

①《書法集》第15頁，原款："一九九三年四月六日……書於京華寓次。"

② 北京保利第31期中國書畫精品拍賣會（2015）· 緦暢——中國近現代書畫專場第3459號拍品。

③ 上海大衆拍賣新海上雅集2013春拍 · 近現代名家——書畫專場第1314號拍品。"二首"二字今補。

芷若滯香島未歸，題此寄意 〖一九九四年〗[①]

輕陰默默坐書城，仰首天南一寄情。飛絮撲簾春欲暮，何時並倚聽鶯聲。

晨起閑步口占一絶 〖一九九四年〗[②]

通衢兩側綴青紅，秋杪行吟顧盼中。莫謂閒人作閑事，難爲運甓似陶公。

題羅兩峰畫梅 〖一九九五年〗[③]

疏影闇香白石詞，圖來綽約一枝枝。孤高不限揚湯法，冰雪情懷各有姿。

偶題 〖一九九五年〗[④]

落帽龍山近，黄花照眼明。宅邊憶陶令，從此發幽情。

---

①《書畫作品》圖94，原款："一九九四年四月十七日并書於京寓。"
②《書法集》第119頁，原款："一九九四年秋日書於京華客次。"
③ 中都國際2010年夏拍·中國書畫專場第1529號拍品。原款："一九九五年秋八月。"
④ 北京九歌2019秋拍·耕雲種月軒藏中國書畫專場第59號拍品。原款："一九九五年九月。"

故宫博物院成立七十週年，刊影藏珍六十卷以爲紀念，題此二十八字頌之 〖一九九五年〗[①]

七十年光博聚珍，今朝輯刊選精醇。宣揚爲使流風暢，文物中華孰等倫。

玉文同志爲余攝製電視生活片段，題此謝之 〖一九九五年〗[②]

形神都入鏡，妙技世皆聞。銘切難爲報，五言聊頌君。

吊前臺北故宫博物院副院長藝林大師江兆申先生，仙逝時，君正來大陸遼東作藝學講演 五首 〖一九九六年〗[③]

杏壇倏作望鄉臺。借用。四塞愁雲撥不開。白帽管寧今何處，原知暫駐竟無回。

非古非今見筆蹤，畫圖豈與輩行同。案存楷法槧精册，雅態比君舊日容。前君贈我手書《寒玉堂畫記》《許疑厂先生遊黄山詩稿》二書精刻本，合題之曰《靈漚館手抄書兩種》。

---

①《書畫作品》圖74。故宫博物院1925年成立，“成立七十週年”，則爲1995年。

② 北京文津閣2013秋拍·宣和鑑目、筆底龍蛇——中國古代書畫鑑定組五老作品專場第26號拍品，原款：“一九九五年。”又，《書法集》第103頁，“形神”作“神形”。

③《統一論壇》1996年第4期第51頁。原題“詩五首”。江兆申卒於1996年5月12日，據此繫定此組詩之創作時間。

三度覿逢異主客，余首次遇君於美國紐約大都會藝術博物館中國詩書畫研討會席次；再見於臺北市清韻藝術中心，時余在該處展出拙作書畫；三則君來北京就中國美術館畫展。長違兩岸望風煙。一從清韻展廳對，論合知心逾五年。余赴臺爲一九九一年，至今已逾五年。

翰墨林中同生活，不常磋切慚塗抹。指云元法我傳承，片紙傖荒曾奉割。君謂余承元代山水法度，曾要余割讓一軸。

再訪雙溪雙溪爲臺北故宫博物院所在地，余近有再赴臺島之計。計日臻，人天奈隔恨難伸。碎琴空挹前朝事，六法何傳謝赫真。

一九九一年春曾遊臺北，歷四十餘日而返，九六年七月作此詩 〖一九九六年〗[①]

瓊島光風不世儔，緊依閩粤海東浮。外雙溪上臺北故宫博物院所在地。披名物，清韻樓頭清韻藝術中心曾以拙作展出其中。接勝流。兩岸交尋文事洽，卌朝歡暢觥籌酬。忽翻影册在臺時攝得影相頗多，輒排列黏册。添情思，把臂親知憶舊遊。

① 山西晉德2019年春拍·翰墨盈香——書法楹聯專場第920號拍品。

丙子中秋與芷若同在金陵客舍閒庭候月作此二首，是日爲二人八年合巹紀念 〖一九九六年〗①

月正圓時人亦圖，今年白下共嬋娟。旅庭仰處微雲淡，候攬銀光倚玉肩。十五夜。

已掃微雲滓太清，今宵喜見月終明。天工枉自擾人思，仍有人間久俟情。十六夜。

一九九六年九月爲江蘇影視臺長子龍先生書 〖一九九六年〗②

鏡裏形容客裏情，留余老羸識平生。西山爽氣映牕見，快謝先生使暢亨。時旅居白下金陵飯店。

題自畫《鍾山圖》 〖一九九六年〗③

六朝舊事總悠悠，鍾阜晴雲拄頰收。莫誇龍蟠更虎踞，換

---

①《百年光華——徐邦達珍藏作品及藝術回顧》第173頁。《書畫作品》圖35書此第一首，題與此處小異，謂："丙子中秋與芷若愛妻仝寓金陵客舍，中宵閒庭候月口占，是日本爲八年前合巹之期。" 原款："十六日晨起書此。"

② 江蘇滄海2012秋拍（宜興專場）· 中國書畫專場（一）第17號拍品。又，江蘇六朝藝宴2019秋拍 · 中國書畫夜場第306號拍品，然"一九九六年九月"作"一九九六年六月"。

③《書法集》第118頁，原款："丙子之冬書於京寓。"

來新紀傲千秋。

生辰戲作 〖一九九六年〗①

八五降辰自在過，小樓怡養樂天和。眼前圖籍空山積，只當無弦懶琢磨。

題《老榕圖》絶句 〖一九九六年〗②

往復根連上下通，只緣櫄散世能容。致君數畝臨江地，待我時來卧好風。

金川先生廣收宛若兄圖繪，此其一也，丙子冬游星島，謁陳公，以此卷見視，輒書數語於末 二首 〖一九九六年〗③

蒙蒙篁竹豈壺頭，一片江南故國秋。祁練同游似昨日，只今圖畫剩風流④。

---

①《書法集》第79頁，原款："丙子冬日閒窗書。"詩云"八五降辰"，徐氏1911年生，若按傳統計虚歲，則85歲當爲1995年。然徐氏晚歲多用周歲，且該幅原款題"丙子冬日"，故仍繫之1996年。

②《書法集》第47頁，原款："丙子冬月書於京寓。"

③《陸儼少精品選集》（下卷）第266–267頁，上海人民美術出版社2001年版。第一首見《書畫作品》圖93，原款"二零零一年十月廿六日"，又稱"舊作"，題作"題陸宛若畫山水軸"。"二首"二字今補。

④"圖畫"，《書畫作品》圖93作"畫裏"。

繪苑猶騷世孰同，海南知遇有陳公。滿堂一筆陸探微有一筆畫。紛羅列，水墨横看趣獨濃。

西遊所見戲題 〖一九九七年〗[①]

羅若繁星基督堂，歐西處處只尋常。如將神學論科學，人理天心孰短長。

濰坊參預風筝節盛會，戲口占俚語二十八字以留鴻爪[②] 〖一九九七年〗

一一紙鳶飛上天，喜看還學少時年。人生得意亦如此，但要心安手緊牽。

贈湧泉詩六首 有序 〖一九九七年〗[③]

湧泉黄子相識有年，建國後南北睽違，幾載纔得一見，見則罄懷相詢古書畫，鑑析種種，雖通宵不倦，輒使難倒淺識，而猶以師弟子相禮，愧恧何當也。國家自新施良策以來，日盛

①《書畫作品》圖76，原款："一九九七年一月。"

② 河南省文物交流中心2005秋文物藝術品展銷會·中國書畫專場（一）第125號拍品，原款："一九九七年四月二十日。"

③《嘉善縣文史資料》總第13輯《嘉善精英之二》第151–153頁。

日昌，真前史未見。我輩躬預其時，萬幸萬快。近者港島回歸，普世同慶，余出所作拙筆書畫若干幅張之白下金陵美術館，籍見心意。湧泉大書贊語寄賀，并附瑶箋述及武塘編製文化人物傳記，君名亦在册，要拙筆叙二人半世交誼，羼入傳中，因成六絶句報之，是爲序。東海徐邦達，一九九七年七月書於白下旅次。

明聖湖頭近一尋，三年前曾赴杭相訪。嶙峋瘦骨雪霜侵。孟光何只捧盤敬，侍問濃情抵野參。君夫人侍候殷勤，可比之參苓上藥。

曾譜諸暨陳悔遲，君譜老蓮年譜一册已卅載。寫來驚倒出奇姿。殿廷簪筆憶三月，三月曾爲簪筆臣，悔遲詩中語也。仰首問天何所思。君曾北上神京，遊故宫，忽然遐想陳事，來書中相告。

字字稽鈎用力勤，丹黄塗改拙編文。拙編《歷代繪畫編年表》近重改訂，此書出版已久。十年伏案瀝心血，改訂中乞君删削，費十載。泯我瑕疵免教焚。

兀坐層樓迎旭紅，時余寓金陵飯店三十一層。神州一目愉新衷。兩人恰合千秋樂，兩地心心自然同。

天一偕尋頷下珠，橡林竟見古遺圖。於民間忽見梅花道人真迹一小圖。真爲感召因同里，塵世翰緣誰説無。

博雅當能入汗青，武塘新傳記才名。與君磨切甘附驥，《師説》無虚此典型。韓退之文篇名。

偶題 〖一九九七年〗①

歲晚坐書城，小樓適性情。眼明猶可用，喜此慰生平。

題大滌子山水軸即和軸中元韻 〖一九九八年〗②

喬木濛叢羅列高，衡門獨立興猶豪。群峰點點看蒼潤，濃墨沙彌筆豈焦。

贈蕭平 〖一九九八年〗③

草隸真行四體全，維揚八法有家傳。丹青更見新模式，并向人間結墨緣。

小詩爲馨泉老兄六秩大壽 〖一九九八年〗④

幾年南北稀會合，瞬眼公今周甲期。博古定能增壽考，老

①《徐書城畫集》第4–5頁，原款："戊寅二月廿日，書爲城兒補壁。此詩去年冬作。"
② 嘉德2009春拍·中國古代書畫專場第1314號拍品。原款"和畫中大滌子自題詩元韻。畫作於清康熙廿三年甲子，道人時年四十又三歲，師梅沙彌墨法，濃潤而不枯焦，可喜愛也。友人攜示屬題。一九九八年夏……記於白下門。"詩題爲整理者所擬。
③ 時間據原書注。
④ 河南永和2010春拍·中國書法專場第1195號拍品。原款："戊寅。"

羸如我願進隨。

稚柳兄已矣，丁丑爲君辭世之年，戊寅作此詩悼之，即書詒小珮存念 〖一九九八年〗[①]

憶昔南都初識面，余初識君於南京。中間鑑古得聞新。風流清發世皆仰，藝海於今少一人。

記新加坡雅集事 〖一九九九年〗[②]

上國高齋集衆賢，清言博古各無前。叨來末席心胸暢，萬里何期得勝緣。

五十週年國慶節 〖一九九九年〗[③]

濡毫自慚腕鮮力[④]，八法何成應可删。五十週年當作頌，強隨衆慶忝衰顏[⑤]。

---

①《中國文物報》一九九九年七月二十八日。

②《書法集》第65頁，原款："一九九九年書前歲在新加坡雅集事。"詩題爲整理者所擬。寫作時間當爲1997至1999中之一年，姑據原款暫繫之1999年。

③《書法集》第4、7頁各收一幅，有異，第4頁爲二〇〇〇年書舊作，第7頁無年款。兹以第7頁爲底本，校以第4頁。

④《書法集》第4頁作"濡毫自愧腕無力"。

⑤"强隨"，《書法集》第4頁作"勉隨"。"衆慶"，《书法集》第4頁作"衆樂"。

一九九九年十二月廿日澳門又繼香港以一國兩制回歸祖國，詩以慶之 〖一九九九年〗[①]

回歸未久前香島[②]，今日從連接澳門。火樹銀花又燦彩，期年欣樂此乾坤[③]。

墨竹畫至清湘爲一變，識者以余説爲然否 〖二〇〇〇年〗[④]

筆下生風雨，名家各有神。老濤變法後，近世又何人。

偶題一絶句 〖二〇〇〇年〗[⑤]

軒豁層樓便遠眺，小牕獨坐自逍遥。斯齡余今年九十矣。雖喜非容易，天予長年何足驕。

---

①《書法集》第60、121頁各收一幅，有異，兹以第60頁爲底本，校以第121頁。

②“前”，《書法集》第121頁作“才”。

③“欣樂”，《書法集》第121頁作“懽樂”。

④《書法集》第92頁，原款“二零零零年之秋”。

⑤《書法集》第102頁，原款：“庚辰秋八月……并書於京寓。”

題惲正叔畫梅 〖二〇〇〇年〗[①]

描取孤山籬落開，金冬心。汪巢林。只堪作輿臺。前生應爲揚無咎，一幅生綃絶點埃。

庚辰中秋偶題 〖二〇〇〇年〗[②]

老年未改少年心，弄墨舞文傳好音。述改革開放也。自喜長生又令節，高樓坐晚且深吟。

京師近時多下雪，預兆年豐，喜題 〖二〇〇〇年〗[③]

皚皚如細粉，堆積兆豐年。京國都歡笑，喜能久接連[④]。

---

①《書法集》第61頁，原款："二零零零年九月。"

②《書法集》第2頁。

③《書法集》第20頁，徐書城供稿第22號。前者原款"二零零零年書於蠖室"，後者原款"二零零零年作"。兩者多異同，茲以徐書城供稿第22號爲底本，校以《書法集》第20頁。

④《書法集》第20頁此詩作："皚皚如細粉，堆積定豐年。京國人人笑，人歡天亦憐。"

題自作《湖上千仞圖》〖二〇〇〇年〗[①]

懸崖千仞上淩天，坡岸層層不見邊。江北江南有此景，黄塵撲几已期年。余來京華，倏忽已九秩歲矣。

題城兒畫《荷塘清趣圖》 二首 〖二〇〇一年〗[②]

活色生香没骨圖，徐門世代有傳摹。守徐崇嗣始創没骨法。稍開己法非專古，粲彩怡情筆調殊。

劉宷鰷魚衆所知，金鱗倍見有新姿。藻池愛煞多多種，入目雲牋快我思。

---

① 此詩凡三見：一與自作畫同裝一軸，見《書畫作品》圖24；一爲自書條幅，見《書畫作品》圖65（《書法集》頁137同）；一爲題傅抱石畫扇面，其一面爲傅畫山水，另一面即爲徐題此詩，見劉新崗主編《衡水學院書畫藝術博物館館藏精品集》（下册）第88頁，河北美術出版社2016年版。三者款署皆不同，前者署“余來京華倏已九秩矣。庚辰蠖叟”，次者除姓名外僅署“自題畫詩”，末者署“題傅抱石畫於京華”。又末者於首句後增一句“陡壑飛泉出野山”，此外文字皆與中者同。前者則於“坡渚”作“坡岸”，“幾經年”作“已期年”。以上文字據中者。三者中唯前者有款署，姑據以繫年。詩題爲整理所擬。

②《徐書城畫集》第32–33頁，西泠印社2016年版。原款：“再題絶句二首於其端，蠖叟時年九十矣。”另圖中有題款“辛巳春正月”，則作於2001年。詩題爲整理者所擬。

題城兒《闇香圖軸》〖二〇〇一年〗[①]

一軸見芙蕖，闇香似散發。静室坐對之，時還未六月。

閒中偶作 〖二〇〇一年〗[②]

滿盆青葉替梅花，漸過殘春暖自佳。小坐前窗猶厚襖，憐余衰頽此生涯。

偶書於新居七層樓上 〖二〇〇一年〗[③]

推窗俯浩暢，東隅得新居。習藝日爲課，老來心自舒。

遊龍門石窟 〖二〇〇一年〗[④]

訪古卅年情，龍門曾趨行。卅年前余曾到洛陽訪龍門石窟，游匝月。光華被世界，魏體獨專名。

---

①《徐書城畫集》第45頁，原款："城兒近作，率書二十字填空，二零零一年二月十日。"詩題爲整理者所擬。

②《書畫作品》圖84，原款："辛巳春二月晦。"

③《書畫作品》圖89，原款："辛巳仲春。"

④《書畫作品》圖91，原款："二零零一年五月二十五日題於京華客次之蠖室。"詩題爲整理者所擬。

辛巳之冬忽思春事，因書二十八字 〖二〇〇一年〗[①]

垂楊又裊萬絲金，燕子來時緑水潯。謌舞樓臺倍春色，翩然快拂有紅襟。

智永《千字文》、董元《江南半幅》均早在日本，偶思因賦之 〖二〇〇一年〗[②]

法極千文有令名，來從八百不須更。或又以爲非八百本中之一也。江南半幅難深識，待去東瀛再細評。

壬午瑞雪 〖二〇〇二年〗[③]

皚皚看滿地，一片白如綿。喜心翻到極，定是大豐年。

偶題 〖二〇〇二年〗[④]

盆梅花落惜殘春，努力明時須重身。要振餘年就事業，羸

① 《書畫作品》圖75。

② 《書畫作品》圖90，原款："時年九十一。"以虚齡計，則爲2001年。

③ 《書畫作品》圖82，原款："壬午作，癸未秋書。"題爲整理者擬。

④ 《書畫作品》圖83，原款："二零零二年三月一日書於蠖齋客次。"

軀莫忘求功臣。

壬午正月初六宵夢己千王兄，相談片時，詩寄之 〖二〇〇二年〗[①]

宵夢晤君同昔年，長身鶴立態清妍。醒來鳴鷄天初白，旅寓寂寥獨自眠。握別匆匆逾五十，偶亦暫叙，時短終教兩地不易連。幾次曾招海外藝館鑑諸迹，使我隘胸頗多填。又曾臺島一共遊，摳其舊院國寶不復旋。其中驚倒君云郊民龍宿古稱後苑原非是，應合子昂趙氏施雲煙。又告猶有黃癡半張帋，此圖中題詩有"半張帋"之字。教彼出庫展眼前。歡會無多又復東西分各處，只看好夢樂堯天。夢兮夢兮總恍忽，何時企君身歸故土永相聯。

案頭有玉筆格一，爲舊友李君所贈，已數十年矣，今晨偶一矚目，不勝感懷，因作小詩紀之 〖二〇〇二年〗[②]

玉山相映照，日日案頭立。思我舊遺人，淚珠袖盈濕。

---

① 《書畫作品》圖37。

② 《書畫作品》圖73，原款："壬午春。"

無題[①] 〖二〇〇二年〗

庭樹離披半即凋，憑闌心事托迢迢。高樓遠眺無人會，屈指幾年意未銷。

賀元白老友九十壽辰 〖二〇〇二年〗[②]

傳名世界稱賢傑，藝學詞章絶代無。老邁失儀應自此，蕪辭補壽總荒疏。

元白知契九十大慶，達多日後始省之。小句二十八字書呈求教，亦以代自責也。

二〇〇二年十月一日口號 〖二〇〇二年〗[③]

國慶今朝又一年，宵來燈火樂燦然。平生自喜逢開放，九秩髫看白未巔。

---

①《書畫作品》圖95，原款："二零零二年五月。"

② 嘉德2020春拍·浮光掠影——啓功先生舊藏專場第1309號拍品。原款"二零零二年秋月"，疑是"二零零一年"之筆誤。

③ 北京榮寶2012迎春拍賣會·中國書畫三·近現代書畫及藝術圖書專場第1645號拍品。

自題舊作《宋人詞意》册頁 〖二〇〇二年〗[①]

小牋六幅漫塗鴉，早筆留蹤總恥瑕。今日再翻憶前事，渭陽遺物更咨嗟。

自促莫懶一首 〖二〇〇二年〗[②]

老已期頤懶捉管，研空水滴只思眠。疏荒自笑真無用，應控闌珊起着鞭。

題自作《柳堤春曉圖》〖二〇〇三年〗[③]

柳堤春曉似明聖，湖名。偶憶年時蔭短篷。今日北行難常面，信知人事遜天公。

---

① 上海嘉禾2014春拍·《禾風》中國書畫夜場第8061號拍品。原款：“此余小歲爲表兄孫君之作，今者陸公忠忽與收得携示索題，二零零二年十一月一日。”題爲整理者所擬。

② 北京保利十二週年春拍（2017）· 中國近現代書畫專場（二）第1995號拍品。原款：“壬午冬日書於京華客次。”

③《書畫作品》圖4，原款：“明聖湖即浙江杭州之西湖，因在杭城之西，故人即以西湖稱之。余中歲離滬來京，此後欲求常面，頗非易易也。作此圖，未免闇然。癸未端陽前一日。”詩題爲整理者所擬。

初月一首有懷而作 〖二〇〇三年〗[①]

初月似銀勾，今宵漢水頭。含愁獨不見，客路自悠悠。

初夏閑詠 〖二〇〇三年〗[②]

支頤猶得半偷閑，牕下新槐照影斑。透暖微陽催螘夢，一聲幽鳥唤人還。

九十三生辰有感作 〖二〇〇三年〗[③]

古云生日高堂難，仄。每到其時心潸潸。平。九十三年今又是，故疏懶處有慚顔。

題劉雪湖畫梅枝 〖二〇〇三年〗[④]

晴香疏影傳名句，此在劉侯腕指間。憶得東南最盛賞，枝枝如雪滿孤山。

---

①《書畫作品》圖49，原款："癸未秋七月。"
②《書畫作品》圖53，原款："癸未秋七月。"
③《書畫作品》圖60。
④《書畫作品》圖70，原款："癸未七月。"劉雪湖，即明代畫家劉世儒，以畫梅聞名。

西江黄曉汀畫名普及國中，先生於余爲父執而見輒以小友相呼，憶庚午孟冬余婚於申江尚德里舊宅，先生杖策來臨，坐洞房中，言笑爲歡，而今已矣，癸未七月七日賦詩以紀 〖二〇〇三年〗①

宵夢廬山黄石翁，煙霞填髓播江東。淞濱舊宅曾留迹，小友相呼一瞬中。

題羅兩峰《天寒雅集圖》，圖爲王秋塍作於京師孫淵如家園舊作 二首 〖二〇〇三年〗②

歲寒京國若爲留，文陣酒兵見勝流。二百年來朱草筆，清華錯認古揚州。

比部林堂想玉山，梅花樹下鶴徘徊。緇塵終隔江南夢，轆轆騾車傍石關。

① 北京保利十二週年春拍（2017）· 中國近現代書畫專場（二）第1997號拍品。
②《書畫作品》圖48，原款："癸未秋八月。""二首"二字爲整理者所補。

玉言至友八十八誕辰 〖二〇〇四年〗[①]

絶世文宗孰比倫，石頭夢幻治多春。遠洲譯本人都羡，莫放高年少損神。

甲申四月吉日玉言至友壽詩 〖二〇〇四年〗[②]

一世文宗誰與並，紅樓夢幻奕朝人。譯語遠洲君曾遠遊譚曹雪芹《石頭記》，此先生生平之所治也。佈散外，高年要重惜心神。

江南小景贈北友[③]

日出前溪山色分，早田緑處桔槔勤。人人都説江南好，畫此溪山贈與君。

---

① 北京保利十二週年春拍（2017）· 中國近現代書畫專場（二）第1989號拍品。原款“甲辰初夏吉旦”。又同場第1988號拍品亦書此詩，文字小異，“絶世”作“舉世”，“多春”作“長春”，第三、四兩句作“遠游譯本人稱羡，要自重身少損神”。又上海嘉禾2019年拍賣會·書如鴻鵠——中國近現代名人書法作品專場第431號拍品所書者其實亦是同一詩，然字面皆非，别録於下。

② 上海嘉禾2019年拍賣會·書如鴻鵠——中國近現代名人書法作品專場第431號拍品。

③ 自本首詩至下《病起偶題述懷》，共六題十三首（其中《再題玄老所作仿趙吴興樹石新篁圖》計八首，《病起偶題述懷》僅見詩題，詩篇闕佚）見徐氏手稿，原稿僅見兩頁，每半頁十行。不知所統，姑録入輯補中。又，自此詩以下暫不能繫年。

題李晴江《賞菊詩畫卷》爲尹子家[①]

最愛横披畫裏詩，有情無意一枝枝。晴江原題句。秋池晴江别號。忽向東籬見，冷落孤山處士知。晴江素擅畫梅，此忽作黄花，故云。

題孫玄常臨趙吴興《樹石新篁》横看

冰繭光瑩拓翠篔，幾人贏取趙吴興。㸌窓留聽寒宵雨，得似延陵醫俗亭。吴匏菴種竹京邸，結亭居之，名“醫俗”。

贈孫玄老並求爲所輯《書畫要録》作序

天下雄才老詩伯，尚子傳名今頭白。入洛喜見堯舜年，移家一再汾水泊。我夙與君同里閈，東西南北未接席。暫時傾蓋不留行，佳客難招慷慨并[②]。雕裘已敝黄金盡，咤叱意氣尚不平。君有槎枒出肺腑，寒梢萬尺同掀舞。懸之素壁風雨聲，倏來逸興憑馳騖。相看餘年足我娱，何必短衣隨射虎。繼起海岳端向君，自信雙眸終博古。願從唐樵辯稧帖，不令齊梁竟與伍。千秋横議劇紛紛，要使錯簡歸秦焚。我亦有心集古録，裒輯還先别等倫。求君隸釋同後序，剖析明辨張吾軍。

① 李晴江，即揚州八怪之一的李方膺。

② “并”字後改，原作“深”。

再題玄老所作仿趙吴興《樹石新篁圖》 八首

旅食曾依水竹居，余戊子、己丑之間移家練祁水上，其地多種竹。桃花水暖興何如。而今千里冰封眼，紙上春還月影疏。

鳳尾褵褷護宅深，江南舊夢已難尋。傳君詩畫冰瑩繭，曲曲鄉心即我心。

水晶宫裏人如玉，正合天寒托翠枝。稍勝黄塵白木卓，一身秦曲寫烏絲。見《禊帖源流書卷》後趙氏自跋。

偏愛青青一兩竿，君句。鵝溪好句已應删。龍孫不抵真龍種，貌出尋常更耐看。

舊譜奎章何處留，薊丘橐筆想銀勾。息齋善勾勒竹。風流二老成來往，稱爾三高未易求。丹丘與君皆浙人而旅食京華，息齋則元大都路土著也。

欲寄蒼寒惟此君，離離淡墨罨煙雲。一枝剪作瓜洲篴，裂石還驚月下聞。

桃李漫山空自繁，獨隨疏影伴黄昏。高情冷對山王輩，巢父棹頭意氣存。

移家難載千枝玉，造物還輸十指春。一片冰心能會得，君詩有“玉壺一片有君知”之句。不妨老向九衢塵。

病起偶題述懷

原缺。

失題 四首[①]

重違右肓竇家瞋，《述書賦》有微辭。不薄今人愛古人。借句。此達區區也。心眼自存公札中語意。三折後，待開新録示前津。

屢易三多抵五都，會憐嘉祝實心粗。鄉音未改王黄笑，到老江西飾姓朱。希真也。

千首飄零僕諸什大都散落。羞倚馬，承前譽句。院花晚律細能知。仍緣不戢藍田忿，絶倒何堪愛大癡。

喉中鯁骨難爲住，汎濫春江浪自濺。忽悟江西家譜老，灘頭八節有真筌。涪翁詩之“春來詩思何所似，八節灘頭上水船”，非謙辭，實得作韻語真諦。

---

① 硬筆稿第2號。此四首原與信札合寫，札中語與詩緊密相關者謂云：“第三首‘大癡’字實承前聯句詩中語，蓋雙關耳。子久向所依服，然此自以爲况，則僭妄可笑矣。”又，自此題至“八分之名何幽眇”一首皆是硬筆稿中詩，大體皆作於1980年左右。

失題[①]

字字珠璣走，沈沈砂礫填。三分終合一，四載記歸宣。展子虔《四載圖》終合於宣和殿内。

晨有詩“禹鑿”一首以迎五一佳辰[②]

禹鑿真源勢可呼，長河九曲一時趨。從來拔幟終存漢，好是焦頭隱識胡。戲用《急就》“焦滅胡”字而别解之，亦曲解之也。雷雨正摧棋局亂，兵戈已待羽王孤。東風勝域花如繡，要合風流寫麗圖。

奉酬玉老見賜絶句用原韻即請正之[③]

周郎莫恨鬢添絲，只惜金華着屐遲。是日黄甦老未來。瓊島碧波收晚照，幾時同賦畫中詩。

① 硬筆稿第3號。

② 硬筆稿第5號，原款：“四月廿日午刻。”

③ 硬筆稿第10號，原款：“昨自藻鑑堂還寓，案頭見有詩札，率此和之。”

失題[①]

八分之名何幽眇，質子量子紛擾擾。去愔就琰少移易，承隸闢篆以爲好。八法楷式永字稱，前人未索典午道。願合神遊一千年，起質衛羊與僧獠。蝸篆先生人中龍，高談劇掃浮雲空。八十笑余錙銖較，身知貨殖傳門風。寒門世業賈。我生辛六亦夏蟲，豈堪鑿冰問冲冲。疏之導之鍥不舍，長河或經九曲通。屈伸有時會乘除，寸筆得效千尺功。八分之謌肆且辯，轅門敢暫戰牌免。

周祜昌手抄《石頭记》書頁中有玉言兄頷血一滴，附短句爲戲，勿罪勿罪，一呋[②]

鏡裏髭鬚鑷不盡，何緣商略到魚腸。留將一滴丹砂血，好換脂痕點大荒。

失題[③]

鳳城消息燕將歸，漢水粼粼迤北來。舊識燒燈好時節，中

---

① 硬筆稿第18號。

② 硬筆稿第21號，原與《踏莎行·題周祜昌手抄〈石頭記〉》詞書於一紙。

③《書畫作品》圖52，原款：“舊作一首，癸未秋末書於京華。”

宵明月立蒼苔。

題自作《荷池斷虹圖》[①]

隱隱輕雷有斷虹，清池雨過净芙容。倚來私語闌干角，淡月覷人故滯東。

游舊居海寧市 二首[②]

八十餘年此地游，舊家遺建幾難留。今朝新厦初來歇，沈東。紫西。雙山眼底收。

硤鎮原居外祖門，幼隨慈母過來繁。而今雪刺已盈髩，再引家人謁市尊。訪市長趙氏也。

衆友中有名歌者王昆爲予側耳歌其舊曲，君年亦將九十而音近少女，奇矣[③]

歌臺一齣白毛女，初演多知君姓名。今日賤辰蒙衆聚，半聾指予。側聽似嚶嚶。

①《書畫作品》圖17。詩題爲整理者所擬。

②《書畫作品》圖34。“二首”二字今補。此二詩約作於2002年。

③《書畫作品》圖54。

無題一絶句[①]

幾年偶爾識伊人，皓齒明眸窈窕身。相接相違似有數，忽從夢裏見真真。

自訟詩[②]

自有膏肓曾索居，半生意氣倘全虚。丹青不惜知摩詰，丘壑何專憶幼輿。惶惑竟同三語椽，趦趄愧少十年書。行藏得失終堪笑，雪刺滿顛事事疏。

余近收得柴丈人《寒林圖》，自題“子山手植”云云，意似有諷庾開府之無骨氣，然乎？否乎？[③]

子山手植重逢日，半世何緣不復還。比得丈人數筆畫，森森寒氣孰與攀。

---

①《書畫作品》圖66，原款：“二零零二年五月録舊作。”

②《書畫作品》圖71，原款：“舊作自主訟詩，壬午二月……書。”

③《書畫作品》圖77。

友人貽余彩繪瓷碟，中具鄧公遺影，詩以紀之[①]

無前事開放，喜到衆民傾。相對形容在，旌旛書小平。末句爲紀學子旌上書“小平你好”四字以致暱敬也。

無題 二首[②]

挹透羅巾淚滴鮮，生生世世誓終憐。莫言海上同明月，已識風前似噤蟬。青女幾曾寒桂闕，劉郎總自躡瓊仙。投梭漫是疏狂甚，其奈情天别有天。

留取雲鬟一綹痕，今時猶省此時恩[③]。鳳簫龍管尋來遠，鈿合金釵想豈存。舊苑垂楊終攬手，長溝流葉豈歸根。濃歡輕别無窮意，牛女何能入夢魂。

題畫雨竹舊作[④]

憶聽江南雨，此君最有情。宵宵來枕上，葉葉和蛩聲。

---

①《書畫作品》圖92。

②《書畫作品》圖96，原款：“癸未七月書舊作。”

③“此”字後改，原作“舊”。

④《書法集》第19頁，原款“丙子清明……書”，稱“舊作”。原畫見保利香港2019秋拍·中國書畫專場第340號拍品，“憶聽”作“同聽”，“枕上”作“枕角”。

東廣從化山中天湖詩[①]

人説有天湖，東廣深幽處。瀉澤萬家春，喜心昨奔赴。百里多温泉，館舍左右佈。小住亦爲佳，聊洗我塵汙。借問出山人，鄰境接山路。飆輪去倏忽，一響觸晨霧。屐齒不待折，何商濟勝具。到時天開豁，天水相廻互。側耳聞濤聲，阻閘千道注。匯爲萬鈞力，鬼神驚却步。桔槔斥機心，古愚誠可嘘。被襟拍高闌，遊眺忘近暮。不緣天界清，人定今所慕。天湖兮天湖，天湖湖水總作人間之甘澍。

舊藏文停雲《倣李成寒林圖》有項、梁鑒賞印記，曾題此詩[②]

項墨林。梁棠村。真鑑停雲筆，寒氣蕭森萬木稠。莫説世傳無李論，人間仍有李營丘。

題《四時合景小圖》[③]

一年風物盡宜人，時序輪翻各樣新。偶合小牋成四美，筆

---

①《書法集》第57頁，原款“庚午冬書”，稱“舊作”。

②《書法集》第120頁。文停雲即明代大書畫家文徵明，項墨林爲明代大收藏家嘉興項元汴，梁棠村是梁清標。

③ 北京御寶嘉和國際拍賣有限公司2019年春季藝術品拍賣會“中國書畫（一）”專場第194號拍品。

端詭譎莫論真。

題蕭平書法册 二首[①]

戈父蕭弟，今之俊人也。近以所作八法匯集影印問世，屬余一言弁首，率題二絶句稱之。

子雲世胄早知名，顛素狂張任意行。筆力驚人肆腕臂，老余縮手看峥嶸。

竹帛前承古隸字，似分妍拙合相從。更憐書法連圖繪，才俊如君喜見逢。

題畫[②]

赤壁何時饒阿瞞，殘陽此際弔江魂。高城白帝迷離處，只是歸雲擁遠邨。

題安雲霽畫虎[③]

虎虎有生氣，品評第一流。高懸壓屋壁，張胡何足侔。代

---

①《書畫藝術》2011年第5期第19頁。又，賈德江編《畫壇儒風——蕭平藝術人生》第186頁。

② 瀚海2005年春拍·中國書畫（當代）849號拍品。詩題爲整理者擬所。

③ 蘇士澍《虎虎生氣筆下出》，汪毅編著《一門虎痴：張善孖、胡爽盦、安雲霽》第288頁，四川美術出版社2012年版。

代鍾進士，驅惡在歲頭。率筆問君意，同源得稱否。

題友人作《巫峽清秋圖》[①]

杜老詩心在筆端，清秋巫峽氣森寒。看來揮霍驚人勢，正似危灘下急湍。

失題一首[②]

八法從未識，塗鴉且任之。致箋難違命，定獲一嗤嗤。

題曹大鐵畫《張葱玉畫像》 二首[③]

出水曹衣寫茂先，靈和殿柳濯春煙。一時入洛憐君少，風雪嚴城對榻眠。

此年湖海息交遊，選畫場空換玉樓。要録何人能繼踵，歲寒修竹若爲儔。

① 王衡等編著《大山藏畫》第364頁，榮寶齋出版社2009年版。

② 沈鵬著《三餘續吟：沈鵬詩詞選》第30頁，榮寶齋出版社2001年版。

③ 藍弧、曹公度著《曹大鐵傳》第428頁，上海文化出版社2016年版。詩題爲整理者所擬。

題蘇長公《洞庭春色》《中山松醪》二賦墨迹兩首①

春色中山合洞庭，賦來逸想寄閑情。南行意氣猶宏放，灑墨風濤定有聲。

驪珠字字倍臨河，炎海之干奈爾何。張墨李牋成五合，精光照眼一驚呼。

鴻士表兄以余舊作六册索題其後，率此應教 二首②

六曲詞心六幅牋，遊蟫未盡化飛煙。蘭情幽態傳多少，只在桃溪葭岸邊。

陳篇獨抱子知吾，餘興淋漓水墨圖。差喜十年離亂後，市樓猶共筆沾濡。

---

① 西泠印社2019秋十五週年拍賣會·中國書畫近現代名家作品（同一上款）專場（一）第4945號拍品。原詩後有跋曰："坡翁此書作於紹聖元年閏四月赴嶺表途中，雖行李困頓而落筆謹嚴，無頹唐之態，觀之神王。與鈞同志同賞，相與讚歎，因書二詩歸之。"

② 上海嘉禾2014春拍·《禾風》中國書畫夜場第8061號拍品。"二首"二字今補。

尹老詩稿墨迹，夢園於敗簏中得之，付裝成卷，出示爲題二絶句[①]

樊川手墨有相仍，詩派江西别樣能。筆法從知千古在，趙吴興後沈吴興。

覆瓿驚心到羲獻，差無蝶散與花飛。卅年小友都華髮，難迹破琴淚點衣。

題樊少雲、吴湖帆、唐雲合作《竹石雙清圖軸》[②]

雙清有石友，存殁自低昂。三公惟唐在。梅影消風雪，移來王者香。

題周英華臨《清明上河圖》[③]

河上喧闐接市橋，宣和畫史筆能驕。而今付與周郎手，窮髮鏤心依樣描。

---

① 上海泓盛2019秋拍·中國書畫專場第2834號拍品。尹老即沈尹默。

② 保利厦門2019春拍·中國書畫——二十世紀與當代藝術專場第66號拍品。詩題爲整理者所擬。

③ 此詩在《談周英華君》文稿中，北京保利2019春拍·文心——中國近現代書畫專場（三）第3126A號拍品。原稿題"一九八四年冬十一月"，然稱此詩爲舊作。故此詩仍未能確切繫年。

題《閩遊紀勝圖》[1]

寒月南天小作留，歸來袖帶幾分秋。青榕翠竹三山徧，圖取他年記浪遊。

題自作山水軸一首[2]

海日正天中，迎君紫氣東。壽來惟小筆，謖謖起松風。

詩畫送別定山道兄之臺灣[3]

竹樹坡陀隨意安，江南應記舊春山。不知瘴外從行色，可爲離人一破顔。

三時東湖訪梅合而寫於帋又詩之[4]

曾到東湖梅似雪，後看凍幹雪如梅。廿年再踏清明候，青子輕圓照水隈。

---

① 上海華夏2004秋拍·中國書畫賣場（二）第441號拍品。

② 安徽藝海2005春拍·中國書畫專場第81號拍品。原款："奉爲佐治敬三先生雅正。"詩題爲筆者所擬。

③ 北京翰海2005秋拍·中國當代名家繪畫及四屏專場第1538號拍品。

④ 北京中招國際2006春拍·中國書畫慈善拍賣會專場第570號拍品。

題華新羅畫詩[①]

艷質幽姿没骨花，東園雙秀惲、華均號“東園生”。後先誇。閩鄉居士傳真手，仿佛陶朱覓若耶。

江南别思[②]

吴孃莫雨難聞曲，柳店風花夢裏遥。一自紅橋相送罷，看來無處不魂銷。

壽川兄書來問訊，并要予圖繪追見雲林水竹居着色山，小正書詩跋精絶，張青父以爲師率更，效法作此以寄一丘一壑，不專陳規也[③] 二首

杇罷相規侍檢法，杏花春雨獨江南。數峯清苦商量處，何日開襟還並驂。

清祕先生笠澤家，未除結習索蘆麻。城東着色虚摹寫，小體歐陽奈筆花。

---

① 上海崇源2007夏拍·中國書畫專場第638號拍品。

② 福建省拍賣行2007秋拍·中國書畫專場（二）第394號拍品，原款：“戊辰之春蠖叟書舊作。”

③ 敬華（上海）2007秋拍·中國書畫專場（二）第566號拍品。畫有蕭平跋稱徐氏親謂此畫作於四十年代末。

贈鏡人醫師[①]

六十餘年早識公，扁陀易世又文雄。時尋望切求通泰，並事推敲啓塞聰。越盛聲名造多福，漸斑髩髮奈雙聾。今朝相對油然喜，道我衰顔色尚融。

戲調五柳[②]

點點黄金散作花，宅邊蔭柳或陶家。曰饑何事尋田父，採採悠然已自奢。

題自作《白雲舒卷圖》[③]

白雲出無心，群山隨舒卷。雲移山似移，雲轉山亦轉。

---

① 厦門伯雅文化藝術經紀代理公司2008秋拍·中國油畫、閩籍書畫、中國書畫專場第248號拍品。原上款爲“書奉鏡人公醫師教正”，因據之擬題。

② 杭州翰承文化2009春拍·中國書畫無底價專場第195號拍品，無詩題；又大唐四季2010春拍·雜項專場第9號拍品，原題：“戲調五柳。”

③ 北京保利第九期精品拍賣會（2009年）·中國書畫專場（二）第1301號拍品。

詠小蟲[1]

小蟲枕下不停鳴，豈爲人間鳴不平。我笑小蟲太心熱，自囚還替世人鳴。

題自作翠竹扇面[2]

緑過黄茅礪粉墻，清陰晝卧道衣凉。山翁近况君知否，題寄平安字數行。

題林散之、胡小石書法合璧卷，是卷有陸儼少兄題端[3]

二老風流並世無，高文妙翰驪龍珠。題端一筆成三絶，附驥蕪章莫笑俱。

---

① 北京九歌2009秋拍·中國書畫專場（二）第284號拍品，原款："此詩率然戲作，無他寓意，讀之者勿多推敲之也。"

② 上海泓盛2010春拍·中國書畫專場（一）第267號拍品。詩題爲整理者所擬。

③ 江蘇嘉恒國際2010春拍·中國書畫專場（一）第94號拍品。詩題爲整理者所擬。

寫少陵《秋興》八首中二句爲圖即題[1]

臣甫孤忠有恨偕，江湖漁釣入秋懷。側身關塞連天黑，正是雞鳴風雨霾。

題粵西巖洞[2]

神功雕飾亦天然，石乳森羅象萬千。空記花源逢世外，携笻我即地行仙。

遊泉州洛水上萬安橋作[3]

榕城南去即天涯，刺史甘棠憶宋家。洛水沙平祠廟在，萬安橋外夕陽斜。

---

① 北京國安五龍2010秋拍・書法楹聯專場第870號拍品，原爲册頁，共書徐氏自作詩八首，此爲最後一首，其餘七首皆已輯在本集中。

② 北京長風2011春拍・中國書畫專場第625號拍品。原上款："勝利同志之屬。"

③ 嘉德四季第26期拍賣會（2011）・中國書畫專場（八）第1585號拍品。原款："一九八四年九月廿五日書於京師客次。"

題自畫絶句[①]

奇峰天外任闌干，叠叠森森夏木寒。左手鑪錘侔造化，何尋五岳與三山。

遊厦門鼓浪嶼有懷作此[②]

誓揮長劍指紅毛，智略何嫌返旆勞。今日日光巖上立，山泉似訴此秋操。

贈庭貴大醫師[③]

熟識新方治大聾，居然時煞耳便聰。平生得享尖端技，使我衰耄若返童。

---

① 上海離原2011秋拍·中國近現代書畫專場第318號拍品。原上款："何文同志屬。"

② 中國嘉德香港2013春拍·觀想——中國書畫四海集珍專場第290號拍品。原款："甲子之冬書於京華。"

③ 江蘇聚德2012秋拍·中國書畫專場第232號拍品。

久未南歸，偶一重到，竟至摸索難求，亦可笑矣[①]

春申景色改新樣，欲訪故蹤竟不知。人指昔時遊散處，層樓高壓眼迷離。

題自畫山水軸[②]

虬松蔭鬱遮空亭，曲江源頭霧濛濛。造物似嫌山突兀，高峰頂處却夷平。

偶　題[③]

潛接春歸寒欲盡，憑闌已不索重綿。白頭猶自閒情在，仰看青雲響䳒鳶。

---

① 此詩凡三見《書畫作品》圖56、圖79及北京寶瑞盈2013春拍·中國近現代書畫專場（一）第301號拍品皆是此詩條幅，各不相同。《書畫作品》圖56即如上題，圖79題作“久未反申江，偶一還歸，往往迷途也”，見於拍場者題“余去春江北住計逾五十載，偶返舊地，幾不能識矣”。圖56原款“二零零二年十二月”，圖79無年款，見於拍場者原款：“壬午初冬書舊作。”至於詩文，《書畫作品》圖56、圖79無異文，見於拍場者“改新樣”作“换新樣”，“人指昔時遊散處”作“人指時光容易過”。

② 上海雲頂2016秋拍·中國書畫專場第103號拍品。原款“丁丑年夏月”，未知是一九三七年或一九九七年。且此詩詩風及題款之書風皆不類徐氏，姑録之以存疑。

③《書法集》第1頁，原款：“甲戌春書於京寓。”又，榮寶齋（南京）2018春拍·鄒模賢（慕賢居）藏書畫金石雅玩專場第442號拍品，原款：“舊作一首，書爲劉玲女士正之，丁卯春。”第一句作“潛送春來寒欲盡”。

補　詞

西子粧慢 秋感 〖一九四七年〗[①]

秋入衰梧，蟬吟轉切，暗省西施眉嫵。玉繩抵處夜何其，倚危樓，卧吹怨曲。叶上。青天自古。況碧海、年年深阻。算人間，戴迴紋蘇錦，輕離愁聚。　長亭路，折盡柔條，也解無情緒。更堪摇落楚臣心，賦登臨，斷雲零雨。文鸞漫舞。奈分向江楓簫鼓。只寒潮衝急，沈沈遠浦。

臨江仙 答友 〖一九七一年〗[②]

幽徑蓬蒿終翳蔽，長安人少劉龔。籃輿難接舊高風。往來難二老，矯首送飛鴻。　佞宋規唐都寂寂，吹花嚼蕊情空。晚來雲閣小樓東。要知春信息，輕指燭花紅。

---

①《申報》1947年8月24日第4版。今據發表日期繫年。

② 合肥嘉勝2020年迎春書畫精品拍賣會·書法及楹聯專場第935號拍品。原款："辛亥中秋日。"

望海潮 〖一九七四年〗[①]

高城初熯，單衣偏愛，陰陰舞遍槐龍。窺牖絳榴，懸門碧艾，遲他閏厄天中。是年五月閏，故云。飛柬笑言通。喜西園重集，意氣都雄。酒德丹顔，宛陵風度有時逢。此屬聖翁。　　邀來舉世談宗。信霏霏驚座，謖謖聽松。江左俊遊，樓頭老子，與君興復能同。闐闔喜過從。約雙山著屐，一塔吟風。静洗征衫，河頭相見自從容。余與玄常有鄉山共隱之約，故末段及之。

南鄉子 跋周汝昌背臨《蘭亭》 二首 〖一九七五年〗[②]

繭帋拓弘文。虎卧龍跳尚得真。換取鍾張章隸體，翻新。《要録》斑斑好細論。　　絶倒竟何人。東晉風規誤右軍。意竄齊梁從漢簡，偏珍。受寵王家後世孫。永師也。

興盡轉來悲。今昔盈虚理正齊。游騁蘭亭非一瞬，噦噦。

---

① 此詞見王以鑄等《傾蓋集》第159-160頁，福建人民出版社1984年版。該詞附在陳次園《石湖仙》詞之後，陳詞見本書附録中，有小序記徐此詞之創作時間，即據之繫年。

② 此二闋原跋於周汝昌背臨《蘭亭序》長卷之後。影印件見周汝昌著、周倫玲編《永字八法：書法藝術講義》（廣西師範大學出版社2015年版）書後附圖。王玉池有釋文，在所著《四絶雙賢雅韻和——周汝昌、啓功、徐邦達蘭亭詩詞唱和解讀》一文中，收録於周倫玲編《似曾相識周汝昌》一書（百花文藝出版社2011年版，第54-60頁）。題及“二首”二字爲整理者所加。徐氏跋周汝昌背臨《蘭亭序》總計四詩二詞，唯詩之第三首（即篇幅最長者）下署“乙卯”。兹將其餘三詞二詞皆暫繫於乙卯，即1975年。

怪底争稱半截碑。　刊誤只君推。勝似雲林祖帖批。拂試還同温雅態，君書近褚格。垂垂。米薛衙官次第陪。中涉近世論證事，知者韙之。

滿江紅 和夏瞿老過柴市懷文文山原韻〖一九七五年〗①

三載南冠，凛奇節，丹心豈死。臣盡瘁，皋亭仍見，勁風千騎。庭燎無情摇陛闕，海濤失恨吞青紫。剩零丁，轉語瀝孤忠，空前史。　軍幕客、指杜滸諸人。郎孃事。見《文山集》。聲義烈，傳哀徵。信日星河岳，浩然英氣。虚護祠堂今在否？身騎箕尾終長紀。耻紛紛、狐鼠竄貂鍪，腥朝市。留、吕輩也。

念奴嬌 題自畫《留香館圖》〖一九七六年〗②

己巳歲，初識留香館主人荀君慧生於海上梵王宫旅寓。訂

---

①《書畫作品》圖81，九十一歲書，稱“舊作”。夏承燾原韻見本書附録一，原注爲一九七五年作，故據之繫年。

② 北京華夏藏珍2011秋拍·中國近現當代名人墨迹專場第3336號拍品。該拍品乃硬筆稿，寫於緑色方格紙上，共有六頁，總題“李菴題書畫詩詞”。惜圖録只能見其第一頁，即此處所録者。又，硬筆稿第8號亦書此詞，與此異同特多，且小序與注文皆付闕如，是以前者爲底本，校後者異文如下：“幾何年”作“幾時年”，“幻相”作“心相”，“紅皺地衣芬絢”作“亭似霓裳前絢”，“玉折”作“鳳折”，“曲終天上，祇今亭北誰見”作“從今天上，曲終峰黛仍見”，“情緬”作“情悄”，“芳艷春山羡”作“聽雨西窗羡”，“蠟鳳記名”作“我有記名”，“翠館梅嬌”作“高館濃陰”，“銀牋膚膩”作“短牋深蘊”，“瑣窓簾影”作“看將殘蠟”，“花淚”作“紅淚”。

交即贈此圖，余年未弱冠也。丙辰元旦後二日，重過京師留香館舊宅，則見拙畫猶挂窓前，回思舊時情事，屈指將五十載。余既牛老垂髫，而荀君已墓有宿草矣。感時光之易邁，人事之無常，輒書小詞一闋於圖之後，亦以見吾二人死生交情也。

月輪高迥，幾何年，瀟灑梵王宮殿。一朵能行呈幻相，君早歲藝名“白牡丹”。紅皺地衣芬絢。玉折釵頭，金縈線脚，心絶埋香怨。“釵頭鳳”“晴雯補裘”“埋香幻”皆君所演名劇。曲終天上，衹今亭北誰見。　情緬。拚引丹青，初銷粉墨，芳艷春山羨。君晚歲一意揮染，不復粉墨登場。蠟鳳記名倪斑在，余初名荃，此圖猶書此名，元倪瓚早年名斑。移得蓬萊清淺。翠館梅嬌，銀牋膚膩，收拾風騷案。瑣窓簾影，伴來花淚輕濺。

滿庭芳 一九七六年四月十一日游京師西郊暘臺清水院觀杏，賦呈同行叢碧、曉川二詞人 〖一九七六年〗[1]

十里脂霞，杏林也。三春翠侶，同尋遺構前朝。咸雍遼年號。銘石，苔蘚隸痕銷。山色年年蒨絢，人終異、莫問天驕。風情在，花田檜院，臨水即逍遥[2]。院有流泉極清。　層臺凌紫靄，

① 硬筆稿3號、4號、《書法集》第130頁。3號原款“四月十四日”，4號原款“十五日改定”，是知4號爲後改稿。《書法集》第130頁爲一九九七年一月所書條幅，漏書下片“三中耆舊、片玉清標”八字，然該條幅之跋文（實即詞前小序）獨詳，故此詞小序據《書法集》第130頁條幅，詞之正文則以硬筆稿4號爲底本，校以硬筆稿3號、《書法集》第130頁。硬筆稿3號小序作“四月十一日游大覺寺清水院，歸後賦呈同行叢、曉二詞人”，而《書法集》第130頁小序原作“一九七六年四月十日”云云，兹據3號稿改作“四月十一日”。

② 此句硬筆稿3號作“清水就逍遥”。

三中耆舊，片玉清標。此指叢碧、曉川二公。喜長安日下，不賦魂招。泉石膏肓何待，從今記、筇杖詩瓢。歸來也，縈思玉蕊，寒勒夢無憀。玉蘭未放①。

浣谿沙 孝萱兄將歸維揚，作此爲别 〖一九七六年〗②

柳岸鶯聲合薦巵。長條無奈見離思。同來莫唱樂章詞。　九陌黄塵還側帽，春風十里想先知。今宵更可夢萊衣。

望江南 題自作《安持精舍圖》 〖一九七六年〗③

多少事，江外浪淘空。翻覆那憐棋一局，東西略見屋三弓。想象畫圖中。　蕉鹿夢，一咲若爲同。何問楚弓仍楚得，蒼苔踈樹亦秋風。請識兩衰翁。

---

① 末句其小注，《書法集》第130頁作“寒勒夢迢迢（是日春甚寒）”。

② 西泠社印2016年春拍·中外名人手迹專場第2089號拍品，原款：“一九七六年五月書。”

③ 徐建華編《陳巨來先生自鈐印稿》卷首，西泠印社2020年。原款：“此余五十年前舊作，安持主人見還，即轉貽雨棠竺子，從其請也，再題一闋以見意焉。丙辰閏八月。”

豆葉黄 爲津門楊紹箕先生題其“孤植小築”，時在北地地大震之後 〖一九七六年〗[①]

山丘華屋已驚嗟！獨樹因依念浣花。俯仰蓬蒿意未賒。老夫家。豈笑漁舟坡詩“小屋如漁舟”。詈勝蝸。倪雲林晚居笠澤，自稱其寓曰“蝸牛廬”。

探春 用玉田元韻 〖一九七七年〗[②]

雪意虚窗，冰容涣沼，漸展青陽芳序。爆竹能驚，餳膠先薦，一樣歲時荆楚。縱客中孤倦，打叠了、明湖篙櫓。幾朝新水含煙，便好吟情輕付。　　舊夢吴頭記否，憐瘦怯花枝，深掩庭户。有恨蘭風，無端錦瑟，分送冰絃誰鼓。細雨酥塵外，而今是鱗鴻迷處。最繫夭斜，日暮吹香那樹。

---

① 廣東崇正2014秋拍·私家話語——近代名人朋友圈專場第1558號拍品。原爲寄與吴羊璧之信件，與下《探春》詞書於一紙。詞謂“時在北地地大震之後”，當指一九七六年之唐山大地震，故繫之於此。原稿有徐氏自爲標點，皆照録。楊紹箕，一九四二年生，祖籍雲南蒙自，近代西北政要楊增新之嫡孫，嘗從張伯駒學詞，任香港中文大學教授。著有《悔堂詩賸》（自印本）。其生平簡介參吴小鐵選編《當代詩詞手迹選》第285頁，河南美術出版社1998年版。

② 廣東崇正2014秋拍·私家話語——近代名人朋友圈專場第1558號拍品。原爲寄與吴羊璧之信件。該稿中徐氏於全詞皆施標點，兹全據之。又，《書畫作品》圖67乃一毛筆書條幅（《書法集》第49頁所收爲同一幅），款中明謂“丁巳元日作”，故據之繫年，詞中“篙櫓”作“稿櫓”。玉田原韻：當指張炎《探春慢》（列屋烘爐）詞，見吴則虞校輯《山中白雲詞》第70–71頁，中華書局1983年版。

風入松 用孫正剛先生見示丁巳餞歲詞元韻 〖一九七七年〗[①]

天公抖擻願虔齋。挂笏仰頤顋。巳蛇剩尾何留影，信奔騰、萬馬傾懷。打點鶯啼燕掠，看來雪盡雲開。　名山事業老能纔。破墨掃殘煤。壺觴貯賸椒花頌，薦園蔬、未拆春雷。已識屠蘇復飲，百年豈宿餘哀。

水調歌頭 奉和慷烈先生贈海粟翁八二壽詞 〖一九七七年〗[②]

藝海孰君重，一粟亦須彌。西樓還領風月，結想尚雲期。語妙來方八二，翁自識畫上有"年方八二"之語。鐵骨紅顏曾擬。前余題翁畫紅梅中有此云云。顧盼更嶔奇。作草識肥瘦，論畫睥黄倪。　歸重譯，邀嵩祝，喜齊眉。人間慷慨，回春一咲受雙

---

① 徐書城供稿第10號。孫正剛，曾著《詞學新探》一書，天津人民出版社1980年出版。

② 徐書城供稿第19號，原款："丁巳書於京寓"。案：劉海粟生1896年生，八二壽辰適爲1977年。故此丁巳年當亦是此詞創作之年份。詳見下注。慷烈先生，指香港詞學名家羅忼烈；海粟翁爲劉海粟。羅爲劉八十二壽辰填詞祝賀事見袁志煌、陳祖恩編著《劉海粟年譜》"一九七七年三月"條，因與此詞相關，故録如下：爲八十二歲壽，羅慷烈寄贈《水調歌頭》以賀，壽翁答和："雁札自天外，文字吐長虹。雍容一闋水調，真有古人風。若問而今何似？快意回甘蔗境，真個樂天翁。座上客常滿，不放酒樽空。　添鶴算，聞鵲喜，未龍鍾。筆歌墨舞，要寫胸次一輪紅。商略平生畫稿，開拓新來境界，留待後人宗。絶巘我能上，談笑步衡嵩。"步韻祝壽的有張伯駒、黄君坦、周汝昌、朱復戡、陳兼與、李寶森、楊通誼等。（袁志煌、陳祖恩編著《劉海粟年譜》第211頁，上海人民出版社1992年版）

禧。可惜江南江北，驛使無端迢遞。新曲侑金罍。麗景從光耀，三絶大宗師。

金縷曲 用黄甦老韻，壽叢碧詞家八十之辰 〖一九七七年〗①

皂帽風塵外。記年時、寶章待訪，搜癡論怪。清畫人有濁痴數怪並稱。短棹輕颺從今是，脱略公卿非壞。正看眄、華燈銀海。一樣黄眉山陰陸，比寒香、四照春常在。何足問，舊山賣。謂展春園也。　金貂换酒知難改。願同招、李黄雅集，千秋還届。共唱開元梨園曲，别譜宫商堪拜。勝南圃、山中謂《白雲詞》也。曾慨。擊碎珊瑚徒豪侈，倒雲烟、哪算風流債。身矍鑠，立高塏。

應天長 題懊道人花卉册 〖一九七七年〗②

揚州尋舊夢，有八俊清才，繪林狂白。曾值山房，李有畫自識作於熱河挹翠山房，蓋供奉清廷時也。畫記偏從論秩。有印文曰“李供奉畫記”。京華風月，好説名動一時，臺戟歸去也，遥接瓜田，漢陰能汲。　奇此算真癖。看翠墨瓊綃，巧方過七。中得心

---

① 周篤文、榮宏君二位先生提供之諸家壽張伯駒詩詞之《金縷曲唱和詞》稿。

②《李鱓花卉册》封三，天津楊柳青畫社2001年版。原款“一九七七年之春”，並自識曰：“上片‘京華’以下數語皆道人中年出處，曾見有李智、周光國者跋其畫册叙及之云。”懊道人，清代畫家，即“扬州八怪”之一的李鱓。

源，睥睨滕家花石。雲邊驕鳳舞，曾見自書墨竹對頁。甚坡可逆。枝旁出拈，荳蔻詞筆。書來簾捲同惜[①]。對頁亦書小杜此句。

水龍吟 懷錢唐西湖 〖一九七八年〗[②]

花開陌上曾來，望湖憶説湖頭路。淒迷玉炤，當時帬屐，那堪凝佇。麗日明粧，青絲窣影，參差瓊宇。合成平聲調，霜泉粉蝶，風情在，王孫妬。　一棹難尋鷗鷺。只橋邊、懷愁今古。黄妃廢也，斜陽尚戀，四圍香土。昔昔金堤，人歸雁後，鄉心何訴。總藚洲絶妙，韻嬌八詠，夢湖山去。

沁園春 〖一九七八年〗[③]

戊午正月藥廛君與宛若、稚柳、健碧連袂入都，見之陳公英邸第，喜賦《沁園旾》一闋紀事，亦及前時江鄉舊迹云。

弦月微黄，鳳城寒淺，燭燦四筵。對才名入洛，機雲辭賦，風華動闕，趙管雲煙。念折花枝，同催羯鼓，時雯呈禧紅萬年。是夕命繪大圖，中有萬年青一叢，紅實累累。都癡絶，比吴趙坊裹，詒晉齋前。愛新覺羅·啓元白先生亦與會。　踹躚聯想誰邊。

① “簾捲同惜”後改，原作“捲珠簾匹”。

② 香港淳浩2015春拍·中國書畫專場第25號拍品。原款：“戊午人日作於京師寓居之東閣。”

③ 徐書城供稿3號，原款：“二十七日書。”藥廛君當指唐雲，宛若是陸儼少，稚柳即謝稚柳，健碧是謝之夫人陳佩秋，陳英乃北京一收藏家。

豈老子登樓興復然。念當時看竹，子猷逕造，幾年逸足，巢父能旋。弋釣桑麻，相尋共話，梅柳江邨最可憐。今宵醉，且它鄉何問，勝餞西園。

蝶戀花 戊午禊日與京中諸同老重遊清水院看花作此 〖一九七八年〗[①]

古院清泉今又到。粉蝶黃蜂，寂寂驚寒峭。三月輕陰添薄惱，紅情還促花枝鬧。　老去三中敷艷調。玉蕊翻憐，芳侶何時杳。小院雙玉蘭，今歲凋其一樹。粘着弓花歸一笑。年年只索人長好。

自度曲 戊午春日從鎮江將去金陵作 〖一九七八年〗[②]

南徐山色四圍青，割峙此紛爭。上游形勝，虹梁天塹，聖力夷平。　今古風流誰敵手，曹劉枉自豪英。春風又綠，鍾山指顧，明日行程。

---

① 中國嘉德2013年春季拍賣會“中國近現代書畫（二）”第1105號拍品。原跋曰：“庚申秋七月暑氣微銷，新凉生袂，坐小石橋寓樓，燈下頗致閒適，乘興書之。”

② 北京保利第14期精品拍賣會（2011）·中國書畫一（海外回流）專場第3050號拍品。原款：“此自度腔也，己未冬書。”

念奴嬌 〖一九七八年〗[①]

戊午初夏歸南中自吴門赴海虞小駐有作，調《念奴嬌》。

江南行色，儘好山濃黛，錦屏句就。茂苑長洲看迤邐，東去白茆潯右。拂水岩前，嬌紅一萼，忍念河東柳。泥人延佇，小唇約略還舊。虞山下閱院見月季一枝，紅芬獨秀。　前度陌上花開，歸人偏滯，將近梅黄候。差喜吴儂謌板熟，新曲華燈再逗。宵來聽彈詞。麗景佳懷，憑銷離緒，三宿江城後。相思留得，香囊深襲紅豆。得紅豆子一雙於舊山樓下。

臨江仙 戊午冬五羊城作 〖一九七八年〗[②]

説甚珠江波浩渺，五層樓外行蹤。花濃溪碧掩洋冬。相尋難採擷，豆子可憐紅。　翠柏孤芳終絶世，南枝寂寞誰同。夢回腸斷趙師雄。羅浮空月色，仙影隔房櫳。

---

① 徐書城供稿4號，原款：“是歲八月京師寓中書呈草予先生一咲。”

② 華鍾彦主編《五四以來詩詞選》第252–253頁，河南大學出版社1987年版。

滿庭芳 戊午遊濟南龍洞佛峪作 〖一九七八年〗[①]

嵐合晴容，泉吟清韻，千尋層翠迷空。天開圖畫，綉出錦屏風。裂破雲根土脈，何年事，潛卧癡龍。穿邃窟，初抛列炬，回看失前峰。　　蒙蒙篁竹下，修蛇迤邐，佛峪還通。暫停車坐對，是處丹楓。仰首虚亭木末，心振蕩，懸級難從。巉岩外，風呼谷應，山客若爲逢。

風入松 一九七八年農曆戊午作此詞迎之 〖一九七八年〗[②]

終葵擊磬喜聲諧。盤薦有魚顋。來朝走馬非今事，借篇章、肖物興懷。葭管前銷地閉，鴻圖暢展心開。　　早梅細柳醒還纔。詩伴獸爐煤。太平有雪無閒樂，記九州、生氣風雷。一事新章明日，舊符永揭斷哀。

---

① 西泠印社2015春拍·中國書畫近現代名家作品（同一上款）專場（三）第3596號拍品。又，浙江長樂2019秋拍·名人書法對聯專場第161號拍品，與前者不同。以上文字據前者，“裂破”後者作“裂處”。

② 中貿聖佳2016秋拍·中國近現代書畫專場第450號拍品。原未書詞牌名，筆者據詞文補出。又“戊午”原作“丙午”，1978年爲戊午，非丙午，因改。

慶春澤 〖一九七九年〗[①]

一九七九年，黄甦老以所作《閲香港新建仿宋汴京城巡禮記感賦此調一闋》見示，即依元韻和之。

蜃氣嘘吞，瀛洲指點，迷離七寶團欒。舊夢東華，恰憐豐樂年年。南轅北轍何時合，更千秋、接手成歡。要同看，宋嫂魚羹，酒助鯨川。　元豐再睹長髯客，見《玉照新志》。異金罏香裊，環珮珊珊。萬國殊方，招他左衽玄冠。虹梁十四風煙景，“風煙”字出《清明上河圖》後金人題詩句。巧工師、移寫天然。想奇觀，别樣驕民，來下梯山。香港人不尠宅山上者。

鷓鴣天 一九七九年己未春桂湖謁楊升庵祠 〖一九七九年〗[②]

一碧湖塘映小山，天香未落况春寒。丹鉛四百《丹鉛録》有文四百篇。才非易，金島滇有金島碧雞坊。盈千路亦難。　捐皓首，左紅顔。簪花跅弛藐人間。先生在滇日，常簪花行吟市中，傳爲

---

①《書畫作品》圖46，《書法集》第38頁，徐書城供稿第6號。以《書法集》第38頁所見都最詳，故據爲底本，校以《書畫作品》圖46及徐書城供稿第6號。《書畫作品》圖46小序作“黄甦老以近作《香港新建仿宋城巡禮記》見示，感賦此調一闋，即步元韻爲茲”。徐書城供稿第6號小序作“港島有闢地一區倣北宋東京遺制，築爲市廛，以供游樂者，聞之喜而賦此”，並有原款：“庚申之秋蠖叟書以揭諸齋壁。”詞文中“要同看”，《書畫作品》圖46作“要合看”；“風煙景”，徐書城供稿第6號作“風煙細”。

②《五四以來詩詞選》第253頁。

故事，陳章侯曾圖之。夷歌棘舞通遺愛，先生又嘗通譯《南詔野史》。望斷金雞詔不頒。

鷓鴣天 〖一九八〇年〗①

塊坐書城襲古香。九天咳唾落瑶璋。化城未問維摩室，異域求開寶繪堂。王紀千君約西游觀其家藏古書畫。　喜傲兀，豈佯狂。常慙公僕漫爲郎。清時有味同樽俎，"味"字雙關。飽肆今憐免一幫。

望江南 中秋賞月 〖一九八〇年〗②

今宵月，澄澈静風煙。絳幘有情辭晦昧，素娥深意送團圞。時節萬年歡。

高陽臺 庚申中秋與京中諸詞老同賞月北海子静憇軒賦此 〖一九八〇年〗③

千里蓴鄉，三秋桂子，京門遠隔無端。余吴人而久客京華。美景非辜，銀蟾光滿當年。此開國初年時。絲篁鼎沸難虚度，用《東

① 硬筆稿第15號，原稿注有收信日期"1980年12月13日"，兹據以繫年。
② 北京翰海2006仲夏拍賣會·中國書畫專場（二）第1822號拍品，原款："庚申。"
③ 硬筆稿第17號。

京夢華録》《夢粱録》中字。恁蚩尤、作霧瀰漫。最相憐，障袖姮娥，絳闕能潛。　　從來稷契回天力，恰平分佳色，盡見團圞。良夜坊街，踏謡還照蹁躚。瑶臺錦砌倏蛇轉，假詩翁、静憩壺天。睨高寒，傑思同吞，玉界瓊田。

慶春澤　〖一九八〇年〗[①]

介堪研兄年登八秩，頃以自壽長調見寄，並索陋章，即賦此闋爲報。

金石交盟，風雲幻變，幾年河海沉浮。有味清時，相憐華髮盈頭。余年亦七十矣。南歸北住終難合，識高名、遠布洋洲。忽傳郵，棐几無塵，蔬水忘憂。君詩中語。　　嘉興路外虹梁轉，趙師申寓在其地。立崇階雪後，藝學千秋。筆硯躬耕，只君耆壽何儔。遠山幽鳥閒窓見，比悠然採菊綢繆。正風流、吉日東來，弋釣從游。

賀新凉　七十自述　〖一九八〇年〗[②]

達豈狂狷子。憶垂髫炎炎了了，童汪自比。小時塾師課題述

① 北京亞洲宏大國際2009秋拍·中國書畫專場第144號拍品。原款："庚申九月之吉。"

② 《詞學》第四輯第257–258頁，華東師範大學出版社1986年版。兹以徐氏虚歲繫年。

志，余妄謂願執干戈以衛社稷。非俠非儒能慷慨，絲竹中年猶記。借一室依川傍李。己丑、庚寅間，賃屋居練川城中，屋傍多李，因自號李菴。秃管殘縑塗抹遍，效龔生謂翠岩。按背雲煙起。來送酒，蓬蒿蔽。　　名山敢許千秋事。索丹青，黄徐天水，評論體異。亦有幽情明隸法，内史風流應喜。狃小技，雕蟲而已。落魄京華頭白也，奈此生，無計逢楊意。徒絶倒，行藏裏。

慶春澤 〖一九八〇年〗[1]

山陰蘭亭勝蹟近葺治，稍復舊觀，賦此張彼素壁，檃括右軍《集序》，下半闋反其意而用之。

東晉群賢，琅玡内史，永和禊集蘭亭。峻嶺崇山，坐邊映帶林坰。流觴曲水兼高詠，比繁絲、脆竹聲聲。且娱情，俯仰興懷，放浪吾形。　　欣於所遇才能托，况風來和暢，氣霽天清。取捨應同，何論静躁紛争。彭殤一例原多思，去。總千秋、猶似時名。喻斯文，隨化推遷，修短難驚。援柴桑語以解右軍，未爲不得體邪。

---

① 硬筆稿第16號；又北京歌德2014春拍・小雅觀心——趙慶偉藏名家文稿墨迹專場第49號拍品，詞序及下半片與硬筆稿頗出入甚大，兹分别録之如下："蘭亭勝蹟近葺治，稍復舊觀，爰檃括右軍《集叙》賦此闋，即用蘭昚筆法書之，張其素壁。下半片更反逸少興感原意，俾合時宜也。"（此爲詞序）"欣於所遇終能託，况風采和暢，氣霽天清。趣舍毋同，堪教静躁相成。當其自足何知老，更看垂、宇宙嘉名。喻斯文，隨化推遷，脩短奚驚。"（此爲下半片）案：蘭亭之重修當在1980年，故繫此詞於該年。又，張伯駒有和詞，見後附録一中。

慶春澤 〖一九八一年〗[①]

庚申小雪節，黄甦老有感事小令之示，輒譜《慶春澤》一闋爲酬，録呈味翁詞宗正拍。

天上妖星，人間孽鏡，神姦鑄鼎難窺。十載紅羊，原從市虎相欺。瓠蘆見月終恣穢，見《北齊書》。更腹刀、口蜜携提。笑無端，干戚形天，斷首仍揮。　　軍中左袒多平勃，待籲天一録，岳鄂傳悲。約法能遵，漢家循吏何奇。陽春有脚來非晚，又花明柳暗新鳌。近日聞有新機宜。警神龍、用五王事爲鑑。定看犂庭，已恨摧㞗。

浣溪沙 〖一九八一年〗[②]

辛酉春小住頤和園藻鑑堂，忽得周玉老來書，有蠖伸蠖曲之論，爲之絶倒，因答以小詞。

古木周遭藻鑑堂。幾年風雨補亡羊。蠖伸蠖曲豈尋常。　　老我應藏山一角，院畫有“一角山”者。伊人宛在水中

---

① 硬筆稿9號，原款：“是歲冬底，亦一九八一之首月二日。”又見中國嘉德第80期周末拍賣會（2004）·中國書畫專場第1292號拍品，上款爲“肇剛先生”，調下有題曰：“十年浩劫才澈燃犀，去舊迎新，欣然有作。”

②《五四以來詩詞選》第253頁，《書法集》第56頁，硬筆稿14號。硬筆稿當爲此詞最初手稿。此處以《五四以來詩詞選》爲底本，詞牌原誤作“浪溪沙”，“藻鑑堂”原誤作“藻鑑室”，皆據諸手稿校正。末句後小注據硬筆稿第14號。

央。堂在島上。晚晴鴉語立前窗。“晚晴人不來，靜聽歸雅語”，此前人句也。

慶春澤 〖一九八一年〗①

雪意潛銷，春心合逗，芳園柳色還迷。傑閣層臺，當年去盡宫翚。寒凝砌下昆明水，待風和、畫鷁能移。轉縈情、節序燒燈，獨立支頤。　　揮毫一飲千鍾後，算東江北國，幾度凄其。此日蒲輪，勝遊終異鄒枚。人間天上殊今昔，喜龍池、换作鵉池。領清華，繪苑千秋，藻鑑因依。

浣谿沙 頤和園中藻鑑堂看春雪作 〖一九八一年〗②

綴粉枝頭裝點春。江南應識暗香聞。潛銷知是玉龍鱗。　　衰草堤鬆同去迹，高階石凍易留痕。晚來情緒好携樽。

① 硬筆稿第13號、14號，14號注有收信日期“1981年3月2日收”，故據之繫年。13號爲初稿，14號爲改定稿。上片“合逗”“層臺”“砌下”，初稿分别作“怎逗”“層階”“一片”。下片改動較多，兹全録初稿：“揮毫一飲千鍾後，算東江北國，幾接探微。此夜燈窗，禁闈終異鄒枚。人間天上殊今昔，喜龍池、换作鵉池。領鰲頭，繪苑平分，藻鑑同依。”

② 徐書城供稿第5號。又東方國際拍賣金融與收藏拍賣會·中國書畫專場第217號拍品，原款“一九八一年三月”，兹據之繫年。

高陽臺 〖一九八一年〗[1]

遊瀋陽後金舊殿庭，還謁東福、北昭二陵墓有作。辛酉五月。

金水長源，燕關古堞，當年立馬横戈。縞素三軍，胥庭泣爲青蛾。茅茨仿佛稍華飾，舊殿規模未宏。比天王指太祖努爾哈赤。代什什翼犍。蠻佗。趙佗，佗亦北人也[2]。謁千秋，劍氣銷沉，陵廟嵯峨。　沙陀亞子謂太宗皇太極。能繩武，信分旗典制，尚説餘波。八旗之制，肇自太宗朝。玉座虚陳，清寧一枕南柯。皇太極殂於清寧宫。東瞻北顧雄風歇，只行人指點銅駝。更銷凝，深院莓苔，落日煙莎。

鳳孤飛 〖一九八二年〗[3]

壬戌燈節訪滕芳同志於其京寓，款談移晷，歸後作此闋書贈。

乍逗鳳城春色，小閣餘寒淺。席上釵裙委婉。訴絮絮、前情亂。　舊卜芳名長佈遠。君自道少日所得靈籤中語。依然是、

---

①《五四以來詩詞選》第253頁，硬筆稿第23號，以此前者爲底本。末三句硬筆稿第23號作“更風流，晚節遺菱，静德情多”，並注曰：“借用北齊文宣亂静德后事。”

②“什翼犍”，原作“什翠犍”，或誤。什翼犍乃北魏拓跋氏先祖，“北”據中華書局本《魏書》改定。

③《書畫作品》圖36。

翠眉盛鬋。搬盡人間風月案。觸柔腸誰管。

踏莎行 壬戌春越中訪舊時校舍 〖一九八二年〗①

蘭渚迎芳，稽山隱霧。輕風送我幽尋去。閒情觸目爲誰生，遊絲盡是相思縷。　　昨夜衾寒，消愁何許。苔牆小院魂難度。曉風殘月淡無痕，伊人猶在天涯路。

南鄉子 重到錢唐遊花港觀魚作 〖一九八三年〗②

波暖緑粼粼。垂柳絲金罨錦茵。曲港潛通堤外路，香塵。傍水誰曾輾畫輪。　　往事總難憑。桃萼還憐點絳唇。俯映依萍偏舊識，紅鱗。道是無情却自親。

---

①《詞學》第四輯第258頁。《書法集》第108頁、《書畫作品》圖61皆書此詞，前者一九九五年重陽日書，自識作詩年月“蓋一九八三年也”，後者壬午書。“閒情”，《書法集》第108頁《書畫作品》圖61皆作“閒愁”；“消愁”，《書法集》第108頁作“銷愁”，《書畫作品》圖61作“銷魂”；“魂難度”，《書畫作品》圖61作“飛難度”；“猶”，《書畫作品》圖61、《書法集》第108頁皆作“况”。

② 南京經典2018春拍·中國書畫專場第395號拍品。原款：“一九八三年之春書於金陵客舍。”

浣溪沙 題柴丈人故居 〖一九八三年〗①

掃葉僧居掃葉樓。清涼花雨石城秋。丈人名姓此同留。　水墨濃酣開畫派，謳吟興廢儘風流。謁來半畝草香浮。

阮郎歸 題友有畫卷 〖一九八四年〗②

緑波芳草接遥天，歸檣何處邊。小姑臨鑑理煙鬟，含情年復年。　雲藹藹，燕涎涎。風光亦自憐。江梅能寄路漫漫，還思翠袖寒。

滿庭芳 〖一九八四年〗③

京師西山櫻桃溝下有老屋數椽，傳謂舊曹芹溪著書處。今葺治一新，以供勝侶留連憑弔。胡君德平實主其事，君更考索屋周景物，付證紅樓夢影，亦可尚焉。甲子春杪召余連袂往游，即事賦此闋存屋中以紀一時佳興云。

---

① 北京保利2009秋拍·中國近現代書畫日場第1588號拍品，原款“一九八三年春”；又，粵北山人主編《民國文人政要書畫集》第76頁，嶺南美術出版社2014年版。題“金陵清涼山掃葉樓留題”，原款“甲子八月”，“畫派”，後者作“畫本”。

② 廣東崇正2017秋拍·國光——近現代書畫專場第126號拍品。原款：“頌明同志正之，甲子之冬。”

③ 硬筆稿第11號，原款：“四月十六日。”

黄葉邨迷，香山路迴，論真説假匆匆。櫻桃花發，豈是映樓紅。溝上纏綿木石，三生怨、夢斷難窮。多情甚，傳奇姓字，歷歷證樓紅。自“溝上木石”句下皆可索之胡著《曹雪芹在西山》一書中。　　惺忪追往迹，芳蘭薦影，篋面所鐫。拙筆尋蹤。壁上所題。更遷想當年，斜日蒿蓬。夜雨西牕剪燭，看且著、犢鼻臨邛。“夜雨”下均引敦誠寄曹詩。而今向，東風白屋，游目送飛鴻。

浣溪沙 〖一九八五年〗①

紫陌無風葉駐黄。龍山空憶會冠裳。東籬漉酒自徜徉。　　縱識催租完秀句，偏移興發到虞幢。題成新語傲劉郎。

念奴嬌 〖一九八七年〗②

繁華自昔，甚雷塘殿脚，垂楊索寞。杜牧分司渾記得，十載江湖飄泊。刺史平山，蜀岡掩映，遊宴風流足。瓜洲更望，悠悠懷古南北。　　衣帶一水東流，念六朝形勝，金甌情惡。舞榭歌臺無覓處，空有詞人拭目。指稼軒。魯守南徐，孫郎北固，瞬眼都聊落。揚州燈火，隔江還照城郭。

---

① 徐書城供稿第11號。原款：“庚申春書浣溪沙舊作，貽國辰同志正。”廣東省拍賣行2010年秋拍·國畫、陶瓷、玉器專場第81號拍品。原款：“時爲重九日作一九八五年九月書於京華客次。”

② 中貿聖佳2001春拍·中國書畫（近現代）專場第242號拍品。乃題畫之作，原款：“丁卯之春。”

臨江仙 〖一九八七年〗[1]

戊午初夏薄游蘇臺，迤邐至虞山白茆口，曾作《酹江月》一闋紀事，並書以貽同行蕭子。丁卯之秋携此卷歸京寓，因蕭欲余續書它闋，聯成牛腰也。復以案無一色牋素，另寫應之。更補《臨江仙》一調題於酹詞之後志慨，蓋戊午至今已逾十稔矣。

南去北來何事，閑愁綺思難名。江城三宿豈關情。數行留醉墨，此日記離亭。　散帙今朝開眼，十年駒隙須驚。鬢絲添得幾多莖。扁舟追笠澤，鄉夢暗西泠。

揚州慢 題蕭平影印畫集代序 〖一九八八年〗[2]

白下青衿，地靈人傑，玉山照眼風流。訪幽居半畝，儘散髮悠遊。繼賢龔。圻樊。鋪陳墨彩，參綜六法，精熟能尤。上層樓，同攬煙雲，商討綢繆。　米家刷字，看揮毫胸出戈矛。更旭素推評，王吴次第，劉涇。薛紹彭。何儔。《十竹譜》虚名世，輸吾子，點染專留。要挑燈深味，宵來催盡更籌。生揚人而

---

①《書法集》第53、95頁皆爲寫此詞條幅，第53頁較簡略，兹據第95頁影本録出。

② 原墨迹影印件見紫禁城出版社1988年出版《蕭平書畫集》之卷首。賈德江編《畫壇儒風——蕭平藝術人生》第187頁有釋文。據《蕭平書畫集》之出版時間繫此詞於1988年。

久居金陵。

高陽臺 贈陸儼少兄 〖一九九二年〗①

梅酒尋盟，風雲遁迹，卅年北轍南轅。暗水春星，林間豹吠誰邊。西泠去後開壇坫，看門牆、桃李争妍。悵何時、陌上歸人，好對茶煙。　丹青啓我無窮境，指雙堤柳翠，三峽濤喧。一片冰心，泠泠聽徹牙弦。真應拄杖尊鄉國，更高居、輪奐推賢。喜從今，繼迹檀園，百世延緜。

鷓鴣天 時香港回歸祖國 〖一九九七年〗②

積弱分崩遜國隤。利兵堅甲敵群摧。割將沃土虚稱借，索取兼金各計賠。　開盛世，地回歸。創來兩制要同依。渾成一體增繁富，良策勛名宇宙垂。

①《書法集》第91頁，原於題下注明“壬申製”。又，該幅後有長跋，乃1993年陸儼少逝後追記，附録於此：“余與陸兄相識逾五十年。自嘐城以日寇入侵，君西去重慶後，遂久不問聞。建國之初，余又赴京從事文物工作，君則還滬赴杭，各行素志。至一九九三年十月，陸兄竟以疚終，從此人天永隔，痛哉！其嘐城故鄉爲立紀念專館，故闋中及之。”

②《書畫作品》圖80，又吴小鐵選編《當代詩手迹選》第584頁，河南美術出版社1998年版。末二句“渾成”“宇宙垂”，《手迹選》分别作“渾仍”“宇宙齊”。

浣溪沙 〖二〇〇〇年〗[①]

庚辰中秋夕與愛妻芷若同賞月於京師之北海子，明光皓潔，喜而成賦。

此夕年年月影圓。今宵天氣倍清妍。名園裙屐看蹁躚。　莫笑比肩非年少，闌干密倚意深憐。人生難得況堯天。

浣溪沙 詠柳 〖二〇〇〇年〗[②]

眉葉才舒未解顰。一枝還想小腰身。風前添得幾分春。　何事離亭偏送客，莫將輕絮故撩人。含煙蘸水自盈盈。

十六字令 賀元白老友九十華誕 〖二〇〇一年〗[③]

珍，公真席上珍也。藝苑詞林九秩尊。期頤近，預祝更推君。

---

①《書法集》第68、135頁皆書此。

②《書畫作品》圖38，原款“壬午春作”；又，《書法集》第45頁，原款：“二〇〇〇年十月五日……書於京華客次。”按，以書迹言，《書畫作品》圖38爲徐氏晚年所書，然其“壬午”當是二〇〇二年。若此詞確爲二〇〇二年作，則二〇〇〇年如何能書？故暫以《書法集》第45頁原款繫年。

③ 中國嘉德2020春季拍賣會·浮光掠影——啓功先生舊藏第1309號拍品。原款：“二零零一年七月之吉。”

浣溪沙 二〇〇一年八月爲世界大學生運動會在北京開幕題 〖二〇〇一年〗①

盛世頻聞各事通。選將體運會華中。一時並快白頭翁。　萬國俊英看結合，同展壯志肆豪雄。人情團一但爲公。

少年遊 題錢玉潭畫蓮 〖二〇〇二年〗②

銀蟾低掩，芳塘相向，脂膩總無塵。翡翠盤高，荆江水滑，用杜秋事。簟帳豔鋪陳。　珍郎贈玉環心苦，非楊妃也，事見《北夢瑣言》。含意却颦颦。淡掃雙蛾，水晶宫遠，清絶是人人。

畫堂春 戈父世仁兄六秩誕辰，譜此小詞爲祝 〖二〇〇二年〗③

藝林四海有殊名，東南孰與齊平。從來世上總多傾，腕底崢嶸。　今歲誕辰正好，一周六十長生。畫中畫外看清情，相互同憑。

① 安徽九樂2019秋拍·四海集珍專場第508號拍品。

②《書畫作品》圖68，原款："壬午四月。"爲徐氏晚年書迹，故繫於2002年。

③ 賈德江編《畫壇儒風——蕭平藝術人生》第187頁，原款："壬午秋月。"

唐多令 遊居庸關作 〖二〇〇二年〗[①]

初日鳳城開，長風動壯懷。駕飆輪、北道重來。迴轉行程都入畫，蕩胸臆，掃塵埃。　形勝劇金臺，雄關鎖鑰開。混車書、多族齊諧。從此風流裙屐盛，賓萬國、擠雲階。

十六字令 爲臺灣省事而作[②]

歸。幾度曾回幾度離。來新紀，重合正今時。

望江南 贊國家開發西部也[③]

新紀好，開闢指西邊。蜀豫風光更繁富，貴雲民族最周全，二省少數民族最爲多。全國合青天。

浣溪沙[④]

班京華先生西國彥士，能鑑吾邦古圖繪，今日見訪，作此

---

①《書畫作品》圖50，原款："壬午初冬書於京華客次。"

②《書畫作品》圖86。按：以下諸闋不能繫年，除有特殊情形，但以詞調排列。

③《書畫作品》圖64。

④ 徐書城供稿第16號。原件未記調名，據其詞段節奏，顯是《浣溪沙》，茲擬補調名。

以贈。

秋老梧桐意灑然。西來俊乂劇翩翩。瓊宫閬苑此周旋。　鋪案縹緗開寶繪，非同靈寶接劉宣。米家真賞世多賢。

浣溪沙 西島先生寄贈《書譜》影本[①]

鏡裏銀光抵手橅。弘文未足比功夫。五乖五合盡驅除。　萬里幾今迎海客，初唐疇昔接鸞書。瓊瑶投處夜牕虚。

浣谿沙 遊黄鶴樓舊址作[②]

鶴去千年棟宇空。雙山猶峙翠蒙蒙。算來天巧勝人工。　崔顥題詩終絶世，難尋花草附宗風。披襟且自踏長龍。

浣谿沙[③]

舊國清門合夢連。玉樓何事在人間。西畿冷翠罨霜天。　蟾影一規疑紫石，琴心幾叠問青山。斷腸墻角倚風前。

---

① 徐書城供稿第17號，又北京九歌2012秋拍·花開淡墨——中國書畫（二）專場第796號拍品，題作“投謝日本國髦士見贈孫虔禮《書譜》序影本之作”，詞文無異。

② 徐書城供稿第12號，原款：“遊黄鶴樓舊址作，庚申書。”又，四川萬星2013春拍·書畫集專場第116號拍品，原款：“遊武昌作，己未夏日京寓書奉賈克同志屬。”

③ 北京翰海2014春拍·中國近現代書畫專場（三）第742號拍品。

浣谿沙 吴桐先生贈余宋畫[1]

萬里同風競一鞭。只憐清秘落遥天。難從選畫聽牙弦。　池上相公留粉本，楹間思婦寫芳顏。窺唐佞宋有君嫻。閻右相《歷代帝王象》、宋徽宗臨張萱《擣練圖》皆在波士頓美術館，君習見。

浣溪沙 題贈新建楊同志

幼婦黄絹許釋之。奎章異制薦同時。平生抵掌恨君遲。　渠識虹梁歸指劃，君嘗作汴渠諸橋分布之圖。象規神采想威儀。又見其所作毛主席大象。風流惠藝筆能期。

畫堂春[2]

南天遠憶正迢迢。多年建國深交。藉從藝海發波濤。接待

---

① 金洲拍賣2014年舊金山秋拍·瓷器玉品工藝品中國書畫專場第6315號拍品。此件非常奇怪，雜書二詞一詩，首書此處所録之《浣谿沙》，次書前録之《望江南·今宵月》，三書前録之《偶題·潜接春歸寒欲盡》，而最後之注顯係爲第一首詞下半闋之注，故録出此詞如上。是卷原款“庚申”，未知此詞是否即作於一九八〇年否。又，原書下片“顔窺”二字作“窺顔”，以至詞意及爲晦昧，再三諦審始知爲誤倒，今依文意及詞律乙正。

② 河南金帝2012秋拍·筆歌墨舞——書法專場第555號拍品。原記：“此詞多年前隨北京故宫博物院同仁携吾國古畫去澳大利亞展覽，爲兩國建交紀念賦此以識盛事。”原款：“二零零二年九月三十日再書之。”

群豪。　火樹銀花滿際，是日畫展開幕，晚間大放火花，示快亦示祝也。擁擠囂囂。不但重藝指畫展。快風騷。舉衆同褒。

少年遊①

繁花堆繡，香車流水，濃浸軟紅塵。閣静謌清，笙調指暖，容易卅年身。　蕭騷髩岸巾雲白，何事可憐春。敗葉重重，晚鴉點點，遠思屬誰人。

南歌子 詠蓮②

蓮子心兒苦，藕兒竅子通。合成開得玉芙蓉。自是天生愁種又玲瓏。　淚水珍珠漾，肌酥綺霧籠。劉君無語語難窮。底事淩波欲去奈西風。

浪淘沙 題翡翠谷金猴洞③

稗史説《西遊》。道自南洲。所謂南瞻部洲也。射陽花筆昔曾留。策杖探幽頻涉險，簾水懸旒。　此地忽驚侔。也托金猴。彩池翠谷嵌林丘。好是僊家招隱處，洞裏千秋。

---

①《書畫作品》圖63，原款："壬午四月書。"

②《書畫作品》圖72。

③ 南京經典2010秋拍·道博堂藏畫專場第286號拍品。

鷓鴣天 三首①

閑中繙閲《紅樓新證》，午倦即止，近日頗疏翰墨，忽成此三小闋，寄上玉老一哄，用稼軒《鷓鴣天》原韻。

警幻藏真詆俗夫。纔看俊彦證虞初。風懷兩府翻雲雨。綺業三春托婦姑。　閑念子，不如吾。空諸所有惜吟鬚。正堪緑樹聽啼鴂，晝日長時倦把書。

癡黠從來合一夫。文心那復即黄初。難奇逸足近飛兔，只拙營巢唤勃姑。　驚看子，恥論吾。堪教汲綆作長鬚。閉門柿葉高風在，鈎索前朝警幻書。

不爲西京恥北夫。幾年遊倦食牛初。旋耽貨殖追高蠡，總接縹緗飾亞姑。亞姑青可□□□。　真有子，豈稱吾。只應題鳳壞桓鬚。風流已慚蘋洲唱，猶喜神遊五蠹書。

舞春風②

春明已合舞春風，花氣薰人次第濃。魏闕初朝紅燦燦，燕

① 北京萬隆2009秋拍·中國書畫（一）多寶齋藏畫專場第48號拍品。第三首“亞姑”下原有小注，因所見圖片不清晰，實不能辨，蘋洲下一字所見圖片印失。稼軒原韻，指辛棄疾《鷓鴣天》（壯歲旌其擁萬夫）詞，見《稼軒長短句》第119頁，上海人民出版社1975年版。

② 上海泓盛2008秋拍·中國書畫專場（二）第426號拍品。原奪一“燦”字，據文意補。

山幾日碧葱葱。陽和好是鷹鳩化，葭動前知剥復通。東作旋開謌聖瑞，穰穰定續一年豐。

踏莎行 題周祜昌手抄《石頭記》[①]

脂硯殘痕，絳樓幻謫。奇傳迸作寒蛩泣。豪華兩府寂中京，西山人指青門迹。傳聞雪芹故居在西山下。　　二陸雙丁，連珠合璧。大中剩稿看重拾。津沽倫貝子家舊有楚望大中十年詩唐寫殘本，珍絶，曾見之。白頭南望鶺鴒飛，只君風雨同晨夕。首都快逾彭城。"奇傳""中京""晨夕"皆用《石頭記》開篇中字。

臨江仙[②]

頃從月壇轉來周玉老大札并一絶句，知有採薪之憂，輒譜此闋寄慰。

豈合文園消渴，鱗鴻何似沈沈。風高心斷鳳城深。枕頭燈影共，簷角雨聲尋。　　長濟玉人平復，勞形知是金針。種桃移竹换書淫。户樞真養體，膏火莫煎心。舊愚姚惜抱書聯云："勞似户樞真養體，思如膏火莫煎心。"極有養生理致，故用以爲贈也。十四日晚作。

---

① 硬筆稿第21號，"篇"字原似作"章"，或一時偶誤。

② 硬筆稿7號，原爲寄周汝昌之信札，詞序即據札中語稍加改動而得。

鵲踏枝

疏影暗香謌絶調。輸於天心，詩索巡簷咲。憶煞成平紓恨抱。何時縱鶴飛林杪。　　東閣看來春已到。不怨春先，故把花枝惱。映雪總憐江路好。金錢要卜年陽兆。

卜算子[①]

莫道送春來，偏是餘寒勒。疏影河橋豈舊時，香帊蛟珠挹。　　空自抱檀心，驛滯天南北。雨雨風風念夢殘，那説羅浮翼。

贊成功[②]

淺宵月上，清影簾櫳。只疑身在水晶宮。漸聆妃瑟，含盡澄空。舞窺鞞鳳，别樣情濃。　　乍憐翠袖，唤取徽容。緑雲擾擾態惺忪。細腰斜褭，燭影摇紅。舊來好事，夢醒還逢。梅道人詩“東華客夢醒，一片江南雨”。

---

① 以上二詞原書於一紙，見徐書城供稿2號。原款：“舊作梅詞二闋爲安娜書之。己未（1979）春。”

② 北京寶瑞盈2019春拍·中國書畫專場第136號拍品。

謝池春[①]

曉川以此調紀清水游蹤見示，奉酬。是日同行者有叢碧翁，故詞中及之。

尚勒輕寒，拾翠遺鈿何處。鳳城西、風花百五。紅香玉珮，甚含羞偏阻。待後日、晴陽分付。　　東山舊屐，方回詞名《東山》，此兩用之，下句之由來也，知者覷之。梅子難簪如許。用賀梅子事，調叢碧翁也。剪春痕、翻添愁緒。折花而歸。嬌鶯啼未，説偷移吟句。承曉川詞中語，曉詞末云"數鶯啼、恰如吟句"。怕重題、雪脂泥汙。

滿庭芳　西山訪悼紅故居作[②]

西嶺延秋，朱樓溯夢，綺思都逐伊人。俊游塵陌，沾輾想輕輪。指説梁鴻廡在，迷離處、古柳荒邨。應天問，天終不語，詞筆替傳神。　　清泠千古意，牙弦記韻，悼紅善鼓琴。蒿徑安貧。怎紫蟾虛託，精氣難吞。稍喜餘音未泯。猶焦尾、青

---

① 硬筆稿第6號，徐書城供稿第20號，又見易蘇昊編《海上名家繪畫選集》第2册第528頁，長城出版社2004年版。硬筆稿經6號序、注最詳，故據爲底本。"東山舊屐，梅子難簪如許"後二者作"東山一老，閒院凄迷前侶"；"重題"，《海上名家繪畫選集》作"重來"。

②《書畫作品》圖45，原款："數年前西山訪悼紅故居作此。丙子清明日書於京寓。"丙子爲1996年。

埂奇文。歸來後、霜辰冷月，心絶閉閒門。

惜餘春 酬友人餞春之作[①]

一年麗景，付紫燕黄蜂，縈恨占斷。芳樹立亭亭，已青子初見。斜陽遥山最傷別，况鸞舞攬鏡中孤惋。舊時容色，采桑陌上，闇塵遮眼。　鱗鱗一池皺遍。甚未了、酴醾猶逗，花片香散。謝東風伴。纖指曾搴，黄金難贖，風情綽約滿。柔思趁冶春無限。珠簾捲空，餞來愁遠。

翠樓吟[②]

侯方域、李香君軼事夙傳衆口，大都出之傳奇家言，然亦非盡虚語耳。

玉樹謌殘，秦淮水咽，龍蟠虎踞草草。留都朝野事，清濁衣冠紛擾。章臺奇操。紀碧血凝哀，桃花添巧。東塘稿。激揚芳烈，豈全虚渺。　俊少。猶説才情，奈副題榜，爲郎輕惱。一時佳麗數，比花信河東同調。恩仇何了。第月旦譽分，中闈光耀。新醬好。媚香樓後，替供傾倒。

① 《書法集》第48頁。

② 嘉德四季第55期金秋拍賣會·墨萃琳琅——中國近現代書畫專場（一）第54號拍品。

粉蝶儿慢 贈介生君[1]

小搊金琶，緩移玉樹，幽館曾聽清晚。曲思傳内裏，見春懷慵懶。隔座鮫綃紅淚潜，莫向人前輕探。賦摽梅，七實兮、最是情深謌淺。彈詞有引《毛詩》句，爲生所擅唱者。　　更念。靈和拂檻。舊風標、漸入秋心渾減。定場同賀老，自天涯黯淡。唤起一番凝碧事，幸喜泰階平覘。理鶯簧、鎮消魂、再翻宫艷。

念奴嬌[2]

鳳城春峭，睇遥空輕霧，輕陽攙就。曲砌迴欄倚遍處，仍欠緑與紅透。驀地催來，粉奴白牡丹也，見《清異録》。芳襲，認是瑶臺秀。髩鬛還憶，段家橋外新柳。　　見得生小多情，僛僛軟舞，遥曳花枝瘦。珠箔飄燈人獨自，長怨巫雲巫岫。贏看今朝，空憐深意，敢指香囊肘。幾回愁賦，問伊來夢知否。

---

① 中國嘉德2015秋拍·中國近現代書畫專場第769號拍品。

② 硬筆稿第8號。原記時間“二月十五日”。

念奴嬌[1]

爲張叢翁題麋君所作《白石詞意圖》，仍用原韻。

水晶宫遠，認田田稼軒姬人有此小名也。曾是，前游芳侶。胷次温馨誰揾得，綵筆風情何數。緑鬢絲侵，下缺。

金縷曲[2]

代東促玉老同爲文字飲無違也，戲效稼軒體。

作吏纔耽俗。甚先生、非求百里，峥嶸白屋。濡染淋漓吾輩事，豈易浮生碌碌。正詩句、長城看築。繡虎雕龍前有頌，見前時和韻此調中。更歌吹、片玉從高躅。君嘗告僕倚聲應以片玉爲歸。君曰退，又誰屬。　瀟湘滿眼曾移竹。前爲君壽作《瀟湘清影圖》。可清思、猶憐太瘦，寧緣無肉。料理相教文字飲，潤澤都能意足。推上席、江東燕北。君系出江東而籍占津沽。長慶同名元下缺。

金縷曲 題大鐵詞人四十造像[3]

誰是錚錚者。道文場、千人横掃，黄初豈謝。傑構能規和

① 硬筆稿第8號。

② 硬筆稿第12號。

③ 曹大鐵《梓人韻語》第154頁，南京出版社1993年版。

州様，溢出丹青身價。異近世、虚聲釜瓦。海内聞名稀相見，幾江頭、弄笛逢桓野。新世説，爲君嫁。　　四明繼躅天終假。君劫後殘稿亦存四卷。縱平分、華篇投溷，只留話欛。雲外青禽傳書到，最是興懷屈賈。見填拍、風流俊雅。字字興衰悲歡迹，盡拈來、我更爲君下。詞史比，一心灑。

金樓曲 绍興城南沈園弔古[①]

行踵城南迹。况沾裳、紛紛細雨，一番岑寂。小闔長垣垂荔薜，憶引三山同客。信悱惻、繇繇何極。照影驚鴻非耶是，奈春波橋斷銷容色。無一語，注凝碧。　　釵頭鳳様描摧折。賺雙啼、癡兒騃女，伶官粉墨。到此還憐山盟意，花落池臺尋覓。但亂礎、荒臺歷歷。寫向丹青同憑弔，算真真、幻幻情交織。千古怨，誰收拾。

慧生荀君善謳紅酥黄籐之曲，而今絶響矣。因圖此以贈荀夫人偉君，藉志人琴之感。回思海上聽謌已五十餘載，能無慨乎？

① 北京雍和嘉誠2008秋拍·中國書畫專場（一）第274號拍品，詞原題於畫中。

附録一：諸家唱和詩詞

陳定山

水龍吟 和心遠生見貺[1]

元龍未是驕豪，卅年湖海銷英氣。高秋眺景，迢迢雁字，幾行堪寄。南省書空，東山事往，尚餘賓戲。向哀箏傳處，櫻桃下，空携妓。　　日下旗亭賭罷，唱陽關暮霞無際。蒲青苜碧，望中多少斜陽飛騎。招隱湖西，幅巾獨在，水亭蕭寺。賸人間翠墨，松溪寄夢，酒間題肆。

丘瓊蓀

夢園以《練川六景》卷索題，輒和心遠居士原唱[2]

水緑橋平楊柳津，李花如雪滿園新。小桃應與東風約，獨占江城一片春。

---

①《申報》民國三十六年八月十一日第三張。

② 北京匡時2011秋拍·近現代書畫專場第537號拍品，原跋於徐邦達所會《練川六景》長卷後，原款："壬寅二月朔。"

幾樹藤花護小樓，一泓春水碧如油。秋霞舊圃春將老，燕燕呢喃蝬也愁。

昔年常共此經過，踏遍牆陰三徑莎。醉倚新凉秋夜月，好風又落一池荷。

荒池斷碣弔孤忠，獨立蒼茫夕照中。千古丹心留碧血，拚將一死是英雄。

笙歌如沸興如狂，况有蛾眉促巨觴。欲向堂前問燕子，烏衣巷口幾斜陽。

夢園我亦夢多時，覆鹿藏蕉醒已遲。晴日烘窓春意煖，海棠先放兩三枝。

張伯駒

臺城路 和徐邦達重至金陵①

南朝多少傷心事，空餘白門煙影。玉體横陳，瓊枝轉唱，憐吊胭脂宫井。鶯啼夢醒。看虎踞龍蟠，問歸誰領。金粉風流，瞬驚都付浪淘净。　　闌干愁更獨憑，憶樓船鐵鎖，全换吴境。握麈談玄，觀鵝潑墨，絲竹紅妝姬媵。歌殘舞静。又潮去潮來，水流雲競。六代江山，夕陽猶自映。

---

①《張伯駒詞集》第257頁，中華書局1985年版。

望江南 和邦達柬玉言作書畫[1]

臨池興，蝸篆上牆苔。造意獨能多古意，好懷一爲騁幽懷。筆看脱囊來。　　重陽近，秋意望無涯。霜後黄花開老圃，雲邊白雁落平沙。畫本亂塗鴉。

風入松 和邦達答玉言屬畫《黄葉村著書圖》[2]

寫來黄葉兩圖同。秋意筆偏濃。滿林霜色斜陽外，似當時、脂面顏容。玉骨燈前瘦影，金聲樹裏寒風。　　是真是幻已全空，難比後凋松。千年竊得情人淚，病相憐、願步前蹤。都是一場癡夢，綿綿留恨無窮。

南鄉子 和邦達贈故宫女裱畫師[3]

北勝與南强，裱畫師爲北人，學裱畫於蘇州。一樣神工出内房。福地幾生修得到，嬛嫏。檀墨長留指甲香。　　故國兩詞皇，明月燕山只暗傷。前後女中文學士，雙雙。劉氏夫人馬氏娘。掌書畫文墨，李後主時爲馬昭儀，宋高宗時爲劉夫人。

---

① 《張伯駒詞集》第257頁，中華書局1985年版。

② 同上第258頁。

③ 同上第284–285頁。

藝見北方强，蝶板蝦鬚寶上房。不數蘇州湯裱背，琳瑯。樟粉香分手澤香。　　殉國報先皇，應念鄉親意亦傷。人傑地靈沽七二，無雙。刺虎今猶説費娘。女裱畫師天津人，與費宫娥同鄉。天津舊城東門内，有費宫娥故里。

慶春澤 重修蘭亭和邦達[1]

金谷園荒，銅駝巷寂，東南惟剩蘭亭。舊郡山陰，猶瞻禹穴高坰。三三春禊群賢集，有激湍、曲水流聲。數歡情，一觴一詠，坐對忘形。　　於今勝地重輪焕，正欣逢盛世，海晏河清。還待優游，丹青欲畫難成。後人癸丑長相繼，似閒花、多半無名。渺吾懷，彭殤同例，生死何驚。

夏承燾

滿江紅 柴市謁文文山祠 一九七五年[2]

鐵石肝腸，湯鑊畔、無降有死。怎忍見，神州故宇，縱横敵騎。頭上昭昭星與日，文山《正氣歌》："在地爲河嶽，在天爲日星。"眼前衮衮金和紫。表丹心一寸幾行詩，垂青史。文山《過零丁洋》詩："人生自古誰無死，留取丹心照汗青。"　　生死際，艱難

---

① 從張氏原稿録出，周篤文、榮宏君二位先生提供影本，在此致謝。

② 《夏承燾詞集》第233–234頁，湖南人民出版社1981年版。

事。聽揮手，成宮徵。亞里斯多德謂哲人之處生死，當和諧如樂章。念陰房鬼火，曾歌正氣。欲借梅邊生祭筆，宋王炎午《梅邊集》有生祭文丞相文。槐根重寫祠堂記。犯北風、如虎放高吟，過柴市。

玉樓春 一九七九年[①]

己未夏，與二北、叢碧、君坦、李菴、曉川諸詞友北海觀荷。

吟人聯袂湊空下，碧眼蒼髯杯共把。是日有英國留學生培蒂參加雅集。亭亭翠蓋叠千幢，灼灼風裳開數朵。姜白石有句云："三十六陂人未至，水佩風裳無數。"　扶筇昨夢清無價，老去還能歌叱咤。函關驢背少年游，余二十一歲時游秦，經函谷關。紅旭當頭看太華。華山形似蓮花，華，去聲。

黄君坦

揚州慢 和徐蠖庵遊維揚訪大明寺平山堂之作[②]

紅藥橋邊，緑楊城外，蜀岡並峙山堂。襯明漪繡陌，是幾度滄桑。念詩國、春風豆蔻，醉翁觴詠，吟到漁洋。指瓊花開落，殘僧閒話隋唐。大明寺尚存僧侶一人。　青鴛古刹，現華嚴

---

① 《夏承燾詞集》第293頁。

② 施議對編纂《當代詞綜》第982–983頁，海峽文藝出版社2002年版。

琳宇雲房。望漢月天台，淮流净土，接引慈航。唐鑒真法師遺蜕將由東瀛迎歸故山供養。一洗九天刀雨，檀波注、海客觀光。倩丹青鸞手，追摹騎鶴歸裝。

高陽臺 和蠖龕旅順大連灣紀遊之作[①]

桑海前塵，蓬萊左股，憑闌還我山河。過雁藍霞，沙灣島嶼星羅。東來蜃氣嘘成市，引鋒車、賈舶如梭。展輿圖。鰲背登瀛，虎尾揚波。　　金州城外斜陽暮，惹紛紛蠻觸，蠢蠢天魔。“征馬不鳴人不語，金州城外立斜陽”，日將乃木希典戰敗俄軍攻下旅順詩句。一髮中原，槐安夢醒檀蘿。春回柳岸屯營處，柳樹屯在大連灣北岸。耀漢家、十萬橫磨。與坡仙，鐵綽銅琶，酹酒高歌。

啓功

徐邦達兄以早歲所畫山水屬題 一九七七年[②]

畫贈名旦荀慧生者，荀初演秦腔，藝名白牡丹。

一朵妖姿白牡丹，早時艷譽滿幽燕。歌人似女原非女，畫史當年尚少年。小卷名山傳翰墨，半生心力托雲煙。吾衰那有

---

① 施議對編《當代詞綜》第983頁。又，《詞學》第3輯第288頁，華東師範大學出版社1985年版。

②《啓功韻語》第53頁，北京師範大學出版社1989年版。

桓伊興，坐對珍圖憶墜鞭。

孫玄常

水龍吟 和李菴南歸感事 一九七七年[①]

南朝幾度繁華，興亡總在斜陽裏。雞籠禮樂，宋文帝元嘉中，於雞籠山立四館，興禮樂。臨春綺宴，陳後主起臨春、結綺諸閣，與張貴妃、孔貴嬪及江總等飲宴賦詩。都歸鐵騎。宋元嘉末，北魏起兵南征，元嘉之政，由是而衰。陳禎明末，隋兵渡江，入建康，後主降，陳亡。慟哭新亭，圍棋賭墅，只存詩意。看今朝偉業，長虹十里，騰碧浪，穿雲起。末四句詠南京長江大橋。　未老壯遊來此。有詞人，才華無際。鸞箋采筆，縱橫疏宕，豪情自喜。酹酒傾杯，迎風長嘯，平章青史。惟姮娥踏月，夜深入户，見胸中秘。

張　珩

徐邦達手摹改七薌《芳林秋思圖》索題爲賦二絶[②]

不見當年佞宋翁，依然金粟綻西風。芳林秋思知多少，只在斜陽一抹中。

---

① 王以鑄等《傾蓋集》第125頁，福建人民出版社1984年版。

②《張葱玉日記・詩稿》第238頁，上海書畫出版社2011年版。

偶從圖畫識前賢，付與徐郎妙手傳。今日擷芳亭畔路，裙腰依舊草芊芊。

曹大鐵

賀新郎 題徐邦達七十造像即次其七十述懷韻[①]

俶儻奇男子。吐雄辭、駒齡壯志，干城他比。出處從知宜慎獨，往哲前規暗記。允別樹門牆桃李。金鏤通靈文藻富，寫秋聲、水上風煙起。逢盛世，未賢蔽。　班馬圖記名山史。出心裁、奎章寶晉，輸君瑰異。八尺修長城北美，屈子嬋娟參喜。同苦趣、此情何已。佳士寫真容景式，庶山陰、團扇家家意。人望在，藝林裏。汪逆還都日，邀梅影書屋弟子作"十分春色圖"，邦達拒作，時論嘉之。邦達榮膺故宫博物院鑑定專家，其所著《中國繪畫史圖録》爲中外藝林珍視。

浣溪沙 讀邦達著《仇英生卒考》興懷選青、葱玉[②]

一代畫師仇十洲。却慳筆墨繫春秋。多君博洽涉同儔。　隔座呼燈黄歇浦，聯床夜話故山陬。也曾推敲溯從頭。讀邦達此篇，恍憶甲申秋日，選青過余虞山西莊老宅，嘗與之聯床夜話

---

① 曹大鐵《梓人韻語》第230頁，南京出版社1993年版。

② 同上第535頁。

有關仇氏生前。前此葱玉與余亦嘗數四推算其生卒，今邦達此作，考核較詳，可信也。

陳次園

石湖仙[1]

一九七四年五月二十日玄常自晉來京，偕謁葉聖翁。後四日翁招飲寓邸并攝影留念。同席徐邦達先生作《望海潮》一詞記此雅集。余乃倚白石自度曲《石湖仙》呈聖翁誨正，兼及邦達、玄常、至善諸公。

朝陽佳處。葉聖陶先生寓北京朝陽門内。有嘉木葱蘢，濃護堂廡。今日石湖仙，即山林，長安一寓。揮毫酬客，興不減，少年儔侶。漫與、率爾時，獨得天趣。　　杯前寸陰似擲。夢窗句。粲花飛，香侵緑醑。斂衽趨隅，北面春風庭宇。姜白石《雪中訪石湖》詩曰“三載渠未降，北面石湖范”。句詠西園，“喜西園重集，意氣都雄”，徐邦達《望海潮》中語。影留賓主，賞心如許。却不解、啼鵑底事催去。

---

① 《傾蓋集》第159頁。

周汝昌

奉和蠖叟元韻詠少陵援筆立成[①]

何意浮聲比駿奔，關心律細把杯論。蒼茫飲處歸進影，寂寞花前客裏魂。蜀相祠堂香一瓣，岐王第宅酒千痕。分明故里中原在，焉用洄波弔峽猿。

徐邦達先生百歲大慶喜賦小詩[②]

五月南風美，崇光慶百齡。墨池精八法，丘壑運丹青。一卷脩篁翠，三山彩鳳靈。蝸居來蠖老，二叟護《蘭亭》。

先生長我七齡，而我六十賤辰時，先生便以翠竹長卷惠贈並題詩，俱見不棄之厚意。其後，索閱家藏甲戌《石頭記》副本，又爲之特繪三仙山彩鳳傳信之畫圖，裝於卷首，倍加名貴。先生枉顧小齋，我尚在無量大人胡同。八十年代後，我移寓南竹竿巷，荷其命駕來臨，更爲頻繁。會面時則談論書法，最爲投契，以爲世之習書者多不能辨中鋒、側鋒之分；又暢論《蘭亭》之真僞，竊哂誣真爲假之荒唐，如此種種，實難備記。其不能忘者，則二人不能會面時必有詩詞唱和，興致高昂時，

① 周汝昌著、周倫玲編《周汝昌詩詞稿》第8B頁，中華書局2018年版。

② 同上第29B頁。

每日可有二三篇付郵，不唯鬥韻而且競敏，此他人不能知者。

臨江仙[①]

蠖叟、曉川以新詞壽我八十感賦寄謝不盡。

上巳清明無限好，我來意氣欣欣。看花也是餞花人。千紅縈緒遠，萬感逐時新。　　壽我雙詞珠玉重，郊原浩蕩芳辰。山輝川媚葆斯文。神州誰作手，京洛最丰神。

題贈徐邦達[②]

鑑書觀畫總燃犀，倚馬詩才世未知。二律一歌雙小令，知音曾荷再三題。

背寫《蘭亭》豈曰能，感君一見目先驚。繞床大叫駭鄰舍，真賞方傾一片情。

---

① 周汝昌著、周倫玲編《周汝昌詩詞稿》第48B頁，中華書局2018年版。

② 原詩在周汝昌《尺蠖能伸百尺龍》一文中，載《文匯報》2003年8月1日第11版。詩題爲整理者所擬。

丁巳暮春三月諸老厚意，置酒爲余六旬紀會，感賦 其三，徐老邦達[①]

翠竹亭亭與石隣，豈因清瘦減丰神。不知老可忙何事，鮮道瀟瀟爲寫真。

孫祖勃

李菴詒余此卷，倏忽十載，曾庚和其詩，遲迴未寫，而倩丘、陸二君題之，戊申除夜檢得舊稾，輒書於後，而瓊翁作古已半紀矣，不勝人琴之感[②]

果圃蔬畦屋數弓，雞穿籬竇啄青蟲。年來閒却花前醉，夢繞西城雪李叢。

紫燕啣泥歇雨絲，曈曨遲日上高枝。藤花摇曳春波皺，池館風光駘蕩時。

種松壘石便成山，臨水修廊好往還。更葺草堂深樾裏，飛觴曾見幾酡顔。

---

① 見周篤文《接天詩賦倚奇光——汝昌先生百年誕辰感言》，《社會科學論壇》2018年第4期。

② 北京匡時2011秋拍·近現代書畫專場第537號拍品，原跋於徐邦達所會《練川六景》長卷後。詩題所稱“丘、陸二君”，丘指丘瓊蓀，六詩録於本書中，見上；陸指陸儼少，陸於此卷後亦題六詩，然未明言與徐唱和，故不録。

空鎖荒池一段秋，蕭蕭蘆荻少人遊。鷓鴣豈識前朝事，啼破煙蘿匝地愁。

歌衫舞袖蔟華堂，月渡花梢遇粉牆。轉眼西風摇落後，盤空鴉陣噪斜陽。

蝴蝶栩然意自諧，三間苔蘚背臨街。夢回酒醒燈花結，雲澹天高月色佳。

馮其庸

贈徐邦達先生[①]

書畫鑑評第一流，丹青墨妙越同儔。文章本在餘興外，更仰詞名滿九州。

敬祝徐邦達老百歲大壽[②]

浪捲雲飛一百年，峥嶸歲月到新天。宋唐詞筆千秋眼，海屋添籌地上仙。

---

① 馮其庸《瓜飯樓詩詞草》第85頁，青島出版社2014年版。

② 同上第198頁。

徐邦達先生輓聯[1]

萬卷畫圖歸天禄，
一生著述滿人間。

沈鵬

書路 和徐邦達[2]

劍路艱難書路惡，幾人修煉到羲之。交杯稱頌尋常事，席散何如一笑嗤。

周篤文

念奴嬌[3] 蠖文以《小留香館詞》見示，兼命同作

春風一曲正娉婷，餘響繞梁縈殿。天壤王郎如玉琢，彩筆留香呈絢。司馬青衫，陳王夢枕，一例成淒怨。雲郎心事，只

① 馮其庸《瓜飯樓詩詞草》第303-304頁，青島出版社2014年版。
② 沈鵬《三餘續吟：沈鵬詩詞選》第30頁，榮寶齋出版社2001年版。
③《當代中華詩詞名家精品集·周篤文卷》第41頁，中國青年出版社2015年版。原詩注明寫作時間爲一九七四年。

今圖畫猶見。　　誰信倦羽零鴻，摩雲印月，也有冲天羡。一角方塘堪照影，休論萍葭深淺。幾叠蒲編，數行剩墨，可似珊瑚案？紅巾翠袖，莫教珠淚輕濺。

高陽臺[①]

己未清明後三日，詞林諸老招作陽臺嬉春之游。山麓大覺寺，即遼之清水院也。梵宇千年，林木蓊鬱。連岡十里，艷杏如雲。濯流泉以歌嘯，撫古塔而盤桓，真令人塵滓消盡而六腑俱清也。同游諸公如夏瞿禪、張叢碧、任半塘、鍾敬文、黄君坦、徐邦達、吴無聞先生並有佳作。孰謂江山秀色，不因我輩而暢其文藻耶？歸琢小詞，以志勝游。

嫩柳摇金，晴波涵碧，淡雲掩映蒼巒。輦路同尋，看花又是春妍。東風泱漭京西道，伴鳴珂、畫侶詞仙。豁余懷，萬樹紅霞，一曲流泉。　　遼家霸業成何事？盡殘碑冷寺，管領荒煙。野草無心，依前緑到遥天。茂林雅禊須重續，動高吟、有筆如椽。賦歸來，夢也清酣，詩也清圓。

① 《當代中華詩詞名家精品集·周篤文卷》第50頁，中國青年出版社2015年版。

鄭欣淼

千秋歲 爲徐邦達先生祝壽[①]

聲名播早，海上先知曉。米氏韻，蘇公調。丹青山水遠，賞鑑地天小。多少事，期頤回首堪談笑。　　只眼看玄妙，健筆解深奥。十六卷，傳精要。宫城猶壯偉，桃李欣繁茂。無量壽，風華不老星輝耀。

① 鄭欣淼《故宫紀事》第370頁，紫禁城出版社2013年版。副標題爲整理者擬。

附録二：徐邦達傳記資料二種

徐邦達自傳

舊民主主義革命浪潮起來推翻清皇朝統治的辛亥年（公元1911年），我出生於上海的一個小康之家，雙十節以前的雙七——七月七日是我的生日，舊曆説來是巧日。可是我這個“應時而生”的嬰孩却並不“巧”，小時因先天不足，多災多病，所以身體瘦弱，六七歲了還不能出外上學，就在家中私塾念書。光陰很快，一忽兒已到十四五歲。那時起我在讀書的暇隙，就喜歡看看圖畫——從看小人書開始（除了了解故事以外，我還注意畫得怎么樣），一直變換到看美術刊物、影印畫册，以至家中收藏的一些當代名人書畫（那時的興趣更普及到了書法）。同時還受我表兄孫鴻士君的影響，喜歡讀讀詩詞，什麼《唐詩三百首》呀，《白香詞譜箋》呀，《絶妙好詞》呀等等，不多幾年，幾本石印、連史紙版本的小册子都翻得破爛不堪，也居然背得出幾百首詩和詞。有時還嘗試臨摹一些書或畫，或瞎謅幾句平平仄仄的短句、長句和長短句來。老一輩的先生們見了之後，都説：“有出息，有出息，將來起碼是一位‘詩詞書畫家’。”我聽了似乎也很“自負”，於是興趣更高，塾中的其他科目我都無心去學——尤其不喜歡數學，一有空隙，就走進樓上我的小卧室裏伏在小書案上拿些我喜愛的字帖畫册，無休止地臨摹傳習（當然是瞎塗），有時甚至通宵達旦，紅了雙眼，也在所不顧，以致耽誤了上塾念書。這樣，在十八歲那年，我父親決意培養我將來成爲一個“書畫家”，於是託人介紹，拜了一位蘇州籍的老畫師李濤（醉石）先生爲師，正式學習繪畫。李先生喜摹古畫，也愛玩賞古畫。我除了畫畫以外，又對玩（那時只能説是愛玩——説得文雅些是“欣賞”，還談不到什麼研究）古畫、看古畫史傳的興趣特别濃厚起來。正好前幾年我父親買了一部清秦逸芬撰的《桐陰論畫》，那時也“賞”給了我，作爲我入手搞古代畫史的“敲門磚”。現在想起來，這部書不管它的論點如何，但對我來講，確乎起了不小誘啓的作用。我初步了解明末到晚清兩代的一些畫家傳記和什麼叫藝術流派，引着我進一步繼續去讀《歷代名畫記》《圖畫見聞志》《畫繼》以至米芾《書史》《畫史》，以至廣泛的翻閲歷代（主要爲明、清）的許多著録書、畫論等等；同時又泛閲衆史（所謂“正史”與“野史”）、歷代詩詞、筆記雜録等文籍。那時我父親也從欣賞“時人”書畫進而收集一些前代的作品，於是我更沉迷在牙籤玉軸之中，成了一個小鑑賞者（不敢稱“家”）了。在稍前，又因我另一位也愛好書畫的表兄孫元亮的介紹，認識了他的老師四明趙時棡（叔孺）先生。趙先生不但以篆刻、寫趙字、畫馬、畫花鳥知名，同時也是一位善於鑑别古書畫的賞鑑家。那時（約二十歲）我經常拿一些想要收購的字畫到他嘉興路橋堍的家中去，向他請教。趙先生總是仔細地閲看並且分析其中的真僞是非問題，一一告訴我。這就給我上了初步的“鑑定課”，爲我以後幾十年來變爲終身職務的古書畫鑑定工作打下了良好的基礎。我在趙先生家中又認識了一位四明收藏家林爾卿先生。林先生雖是銀行家，但也是一位有古書畫癖的人。那時他也經常拿些從古玩市場、古玩商等處取來的書畫先請趙先生定其真僞，然後再決定去留。他收的書畫比我家藏的多得多，我們交道打得極熟了。之後，他時時借一些書畫藏品給我欣賞、臨摹，從臨摹中使我逐漸廣泛、逐步深入地了解、熟悉了一部分書畫家的藝術形式特徵。因爲要臨摹得像，非一點一劃地細看、細捉摸不可，臨摹一遍，真比欣賞一百遍還要記得清楚，搞得明白。這對我學習鑑定古書畫來講是太有好處了。趙、林二位是最早啓發我、幫助我搞書畫鑑定的老前輩，我是永遠深懷不忘的。後來（1935年左右）李濤老師不幸病故於蘇州（因目盲離申，不久即故去），我接着又拜趙老師之門正式做了他的弟子。

蘇州吴湖帆先生是晚清金石書畫家、收藏家吴大澂的嗣孫。甲子年因避亂（齊、盧軍閥混戰）搬來上海。湖帆先生既承家學又藉家藏，對金石書畫無不極耽深癖。約在認識趙老師的稍晚，因汲古閣裝池鋪曹老板的介紹，我也拜訪了吴湖帆先生，並在吴家認識了吴的大弟子王季遷（紀千）兄。紀千長我三歲，他跟吴先生學畫也學古書畫鑑定。約在1935年至1936年一段時間中，我除了去趙家外，也經常到吴家去。去時紀千大都在座，碰到一些古董商人挾了幾件古書畫送到吴先生那裏求售，王與我也往往在旁同看，有時還各抒己見，議論“蜂起”，甚至争辯不休，吴先生也不以爲忤。争論必須要深刻過腦筋，那比光是老師（或前輩）講授、灌輸更有用，因此這一段時間也是我學殖有所進步的重要時間。後來我也從了吴湖帆先生成爲及門弟子。學書學畫，作詩詞，搞古書畫鑑考，再閲讀文史，從十八歲到四十歲，廿二年中間，我是學習鑽研藝術的前半階段。其間也定過“筆單”賣書、賣畫，但主要是爲自我怡情；搞鑑定也出於求知的興趣與自己收集藏品避免吃虧的需要，談不到什麽科學研究工作。

現在再回溯到1939年。上海已被日寇占領，我居住的公共租界則劃成孤島。那時杭州陳定山（蝶野）先生從西南轉香港又還到上海故居。他停止搞實業而閉户讀書授徒（教詩詞）。因此我和他經常來往起來。他是天虚我生陳栩園先生的長子，實業、文學都是家傳。尤工詩詞，詩宗杜甫，詞近周、秦、夢窗，不名一家，造詣在他父親之上。他也擅長書畫，喜鑑藏古迹。我們兩人一見如故，一度曾同住在今武康路某里，更得朝夕藝文切磋之樂。對鑑定古書畫，非他的主要擅長，對我來講，所資無多；但詩詞方面，我受他熏陶，却得益不少。可惜我當時致力還在鑑古與作畫方面，所以至今未得深入，只不過作爲業餘即興，偶吟自適而已。當時在上海來往較密的書友，還有應野平、唐雲、俞子才、江寒汀諸君。其間我曾自編自發行《國光藝刊》一種，介紹中國古代金石書畫，以圖爲主，也附加一些文章，出了二册，就停止。1947年底我移居上海市外嘉定縣，又與南翔鎮居住的陸儼少先生結爲詩畫友。陸君詩宗杜甫，山水更爲當今巨子，人盡皆知，不待我來贅道。

1949年中華人民共和國成立，我還住在嘉定。秋，被任爲上海市文物管理委員會顧問。不久，在張葱玉君家裏碰到了鄭西諦（振鐸）先生。因他們的關係，把我介紹到了中央文物局任職。1950年10月，我就啓程北上，參加了革命文化事業工作，結束了前半生吟詩作畫的生涯。但鑑古則從此成爲我的專職了。

初到北京與張葱玉君同住在鄭西諦先生（他爲文物局長）家裏。在文物局的職位是文物處業務秘書（張爲副處長），主要工作是收集、鑑定古書畫文物。這真是給了我一個深入廣泛學習鑑古的好機會。在事務工作中寓研究工作，更迫使我非認真負責地幹不可。因爲收進來要付款，雖然張處長和我一塊兒負責決定取捨，但我是“打前鋒”的，文物商送來東西，先要過我的眼睛，要的留下，不要的當場退還。一些明清書畫，大都只憑目鑑即可；元以上的還須查查有關文獻，輔以考證，方能妥善地解決問題。因此鑑考並進，“學（文獻考訂）”“術（實物目鑑）”兼研，比上任何專科大學都要得益多多。那時在北京的古書畫研究（包括鑑定）者，除了同來的張處長葱玉君以外，能稱我的“多聞”之友的則有啓元白（啓功）先生。有時晚上閑暇我就上啓先生家中去聊天，“虚至實歸”，得益不少。有時也要争論，但争論的結果，總可以觸發一些新的認識來。我的“天分”並不高，但我能博聽旁搜，集古、今人之長以爲己長；同時我還有些分析能力，能分辨古今人論説的正確或不正確而決定自己承受與否；不迷信旁人（包括古人），只相信自己，不自卑更決不自滿，産生錯誤而發現了，立即公開自我糾正，因此彌補了我的愚陋而能繼續有所提高。我認爲，研究一門學術，除了勤學苦鑽之外，還必須要掌握好正確的學習思想方法，否則是誤信邪説或固持淺見，都能使人走入歧路或故步自封的。

在文物局幹了三年多工作，又下放到局領導的專業單位故宫博物院業務部，又轉職爲副研究員，那是1954年的事了。從此事務工作減輕了些。但是有一樣，對新收進來的東西我雖然也必然一一過目，並負主要的鑑定責任，可是進入、收庫等等手續不必由我辦理，因此我對那些在故宫收集來的書畫其沾濡在我的心目中的印象，却没有在文物局時由我“一竿到底”包辦集藏的東西那樣的深切了。搞文物研究工作誰説要離開事務工作方能集中精力而多多獲益呢？以我的經驗，認爲這樣反而會使自己離遠了實物體驗的機會，儘管我們還可以再次從庫裏提出來作些反覆審核，不過接觸實物的機會總比“包乾”工作（如以前所説的我的經歷）要少得多。

我在建國前住嘉定時，曾計劃編寫一個過眼的古書畫簡目，以備自己參考。也記了有幾百件。這個草稿我帶到了北京。在文物局工作的業餘時間還繼續寫下去，又第一次改成了簡編（比“目”要詳細些）。在北京看到的書畫更多了，不到二三年工夫，居然寫得有一大簏。那時候又開始爲《文物》和其他報刊寫些介紹古書畫的小文章。1954年起（在故宫）又應朝花美術出版社（即北京人民美術出版社的另一塊牌子）之約，爲它們編寫了五六種小册子。其中有介紹我自臨的張渥《九歌圖》和顧愷之、閻立本、吴道子、張萱、周昉、李公麟等人的畫。一方面又一次擴大了《過眼録》的編寫體例，同時又編成了《歷代流傳書畫作品編年表》（那是工具書，是編撰《過眼録》的副産品，本來爲便利自己作鑑定工作之用。此表已於1963年出版於上海美術出版社）。從此以來，寫作與鑑定實物工作，齊頭並進。《過眼録》也列入了故宫博物院的工作計劃中。事實上我已在業餘時間打好了基礎，以後則是陸續補充，再加修正，一直到1966年“文革”開始的時候，已經寫成從西晉到清初的書法部分基本定稿，共約二千數百件，約七八十萬字（其中自撰的鑑考按語約十分之一强）。另外積有尚未擴充定稿的畫録（未計數）一大簏。加起來至少已成一百二十萬字以上。現在還在繼續撰寫，估計繪畫部分要記録六千件，字數一共要有二百萬字左右，其中包括自撰按語二十萬字。計劃在1985年前全部告一段落。現在已經先將西晉到元代分二册交長沙湖南美術出版社排印。1982年中再付明、清部分爲第三册。以後則專事繪畫部分的編撰了。

此書定名爲《古書畫過眼要録》（先時曾名爲《古書畫過目匯考》，見《歷代流傳書畫作品編年表》後“引用著録書目”）。所收古書畫基本上是我看到實物而認爲是重要的作品，但也有一小部分元以上的僅見極清楚的影印本可看出真僞是非來的東西，大致以書法爲較多些。明清書畫則不收影印本中所見，因爲實物過目較多，不需要再從印本汲取了。此書的開始作簡目，僅爲我自己作“備忘録”，以後擴大撰寫則爲了供給搞古書畫鑑定者按圖索驥（每件大都有藏所）來作輔證。也給搞古美術史者指引某家的真迹“樣板”，據以索引，找取原物，便於研究或在著作中憑以選爲插圖，不致誤入僞本。當然我的鑑定水平有限度，也未見得一定盡對，只能根據我現有的鑑定水平，嚴格選取，精簡收録，以備“同行”者採用而已。同時在我的按語中也寫了一些有關各種史、地或典章等等的記述與考證，稍有助於讀者對那些史料、史實的了解認識，以爲研究一助。但因此録卷帙較多，又加我學問粗淺，只能簡要着筆，無法繁冗詳證。其按語的重點則放在訂真、斷代方面。

在鑑定收集工作的同時，除了擇要寫成《過眼録》以外，其一些著名而誤斷時代或以僞爲真的古書畫，也詳辨愼考予以筆記，久之也積下了不少不成篇幅的材料。在此基礎上陸續歸納撰寫成章，到“文革”（1966）之前，已得十餘萬字。但未輯爲書册，有的則陸續在刊物或報紙（少數）上單獨發表過。1966之後工作停頓了六年。但我始終認爲我們的工作在文化工作中雖非極爲了不起的重要工作，但只要承認文化遺産繼承有必要性，而且要消滅過去在認識和運用它時經常會帶來的錯誤情形，那麼我們的工作決不是無所用之的。因此在1971年我去湖北丹江幹校時，有餘時間，就計劃寫一些有關鑑定工作的總結性的文章。又因爲接觸不到實物，也没文獻資料可供應用，所以我就决定先寫一篇《古書畫鑑定概論》，即是憑我儲存在腦子裹的工作經驗，作一些原則性的叙述。經過三四個月斷斷續續的草寫，寫成了約六七萬字的初稿。十二月中，武漢市文化局、文物商店派人至幹校來借調幾位文物專業工作者，去幫助鑑定一下各種藏品，我也是其中的一員。我把此稿帶到武漢，恰巧他們又要我講講如何鑑定書畫的知識，我就以之爲課本向他們講開了。後來他們店中的工作人員之一梅安娜同志（她幫我整理鑑藏物）還替我抄成第一次的清稿。1972年5月我調還故宫博物院工作，舊的兩部書的存稿都還保存在院中書畫組儲藏室裹，我得以較順利地繼續修訂撰補下去。《概論》經過七次修改，加入插圖百幅，目前已由北京文物出版社出版。那些具體論述作品（也有的談作家的真僞是非的文篇），又在近八九年中間寫得一百數十篇（長短不等），分輯成《歷代書畫家傳記考辨》和《古書畫僞訛考辨》二書（分別由上海人民美術出版社和江蘇古籍出版社出版）。《書畫考辨》一種，基本上是作爲《概論》中辨真僞、明是非（斷代）的具體例證。一方面揭出了這些東西的真相，一方面讓閲者以之舉一反三，有利於搞此項工作者有所借鑑。它的專業性比較强些。但去僞纔能存真，另一方面也使古書畫欣賞者和書畫史的寫作者能够捨此（僞品、誤定時代本）取彼（《過眼要録》中記叙的重要書畫）。因此兩書可以説是一正（鑑真、訂正）、一反（辨僞、考訛）的“姊妹篇”。包括《概論》的四書之成，也可以説是我的文物整理研究的“工作總結”的大略完成。完成得好不好，那是我的學術水平問題，寫作出來總算是對黨、對人民對我的培養与支持有了些交待。同時我又編成《中國繪畫史圖録》上下二册。這是一種普及的本子，也已在上海“人美”分期出版。現在寫到這裏，我還想談一談我在進行鑑定工作中所接觸到的一些問題和小小的經驗與體會。

提起書畫鑑定，在以前，人們大都不以社會科學研究工作來對待它。從外國“移植”而來的某些考古（主要只指田野發掘考古）學家，往往認爲那些所謂書畫“鑑賞家”（也包括一些古董商人），都是什麼“望氣派”——意思是説他只不過是遠遠一望氣色，就“隨意”亂定真僞是非，基本上是從“主觀想象”而得，是没有什麼科學依據的。因此考古所中就没有古書畫考鑑這一門學科的一席地。推根溯源也不能全怪别人不尊重自己，甚至譏笑自己。原來從古到今，雖則也有過幾位著名所謂書畫“鑑賞家”、書畫考據家，如唐代張彦遠，宋代米芾、黄伯思，元代趙孟頫、柯九思，明代詹景鳳、董其昌、王世貞等人，也留下了他們的著作（包括題跋墨迹）不在少數。但寫的大都枝枝節節，不成系統；或則玄言“高”論，甚至臆説欺人，經不起推敲證質。這樣，當然失却了科學價值，難以取信於人；也寫不出一部像樣的科學論證的著作來。

書畫是藝術品，是藝術家的思想結晶，你要分析研究它，認識它，熟悉每家作品和每個時代作品（個性中有共性，要能斷代必須識人）的種種形式特徵，當然必需先懂得藝術；最好能够臨摹古代的書畫作品，更易深入了解，這是重要的條件。

否則入門較難，亦不易攀登高峰。我個人從十八歲到卅歲這十年多時間裏，專事臨摹古書畫（各科各派多臨，不專一門），這對我後來的搞鑑定工作，起的作用自認是不小的。同時更需廣泛閱覽作品實物，真的當然要看，僞的也必須同時比閲。要知真僞是從對比裏區別出來的。斷代也不例外，孤陋寡聞，就無法深造，哪還能融會貫通，創立一門學科呢？

我們（包括我們故宫研究室裏的幾位助手同志）現在正在開展向國内外博物館、美術館進軍，祛其所藏，爲我們廣開眼界，提高認識，累積經驗。既使學術研究獲得向縱深度的推進，同時也與各館的研究工作者相互交流經驗，共同提高，也解決了藏品中的現實問題。從1978年起五年之内，我們走了二十多個省、市、自治區，訪問了三四十個博物館、“文管會”、文物商店，在工作過程中曾經從參考品甚至處理品中發現而提出了不少重要或比較重要的文物，有幾件應屬國定珍品。如唐摹僧懷素《食魚帖》墨迹（有北宋人題跋），北宋郭熙《溪山行旅圖軸》（有“臣郭熙”小字款），元黄公望《剡溪訪戴圖軸》（見明末吴其貞《書畫記》著録），王淵《桃竹錦雉圖》大軸等等。其他明、清二級上品也還有不少件。《食魚帖》是“青博”藏品，它們在早先誤信錯誤的鑑定，投入了處理品中，現在提升爲一級珍品，使寶物不致永久沉埋。

下面進一步簡單的再談一些如何鑑定古書畫的“注意點”：

我認爲：首先，要注意研究每書畫作品中的“基本要素”，那就是“筆墨”。無論個人作品特徵以至時代共同特徵，主要必須都從筆墨上去分析出來，因爲它是人各有異，也不容易學得像的東西。其次纔涉及結構等等方面。當然也還要注意到書畫中各種各樣有關的文獻考證，以補鑑之不足。至於款印、題跋以及紙、絹、筆（指工具），以及其他種種，那是屬於更次要的地位了。這些具體的論證，我都在所撰的《古書畫鑑定概論》一書中一一講到過，不在這裏多談了。

末了再談一下我今後的打算：

一、繼續撰寫《過眼要録》《僞訛考辨》二書，儘可能完成得豐富一些、周密一些、正確一些，交給人民、交給黨，以盡我的職責。

二、出國訪問參觀美、日、英、法等國各地博物館中的中國古書畫藏品，補充寫入《過眼要録》中；同時定可掌握到更多的參考資料，對真僞是非的鑑定工作，起着更大的印證作用。這與我完成上述二書的提高質量、數量方面，是有極爲密切的關係的。同時也了解到流散國外的重要中國古書畫究竟大概有多少。古書畫中有不少極爲重要的作家的作品，在國内已經絶迹，“禮失而求諸野”，這是極可痛心之事。

三、在可能情況之下，擬組織一些同志編寫一部《中國繪畫史》，如有餘力，還可編寫一部《書法史》。

我的書畫、詩詞寫作，仍須同時進行，這對研究古書畫有相輔相成之效。

有關簡歷：徐邦達，字孚尹，號李菴、蠖叟，浙江海寧人，漢族。幼年入私塾，後遊學於前輩名家之門，現相等於大專學歷。

1946年當選爲中國美術家協會理事。同年在上海開個人畫展於中國畫苑。

1947年被聘爲上海美術館籌備處顧問。

1949年被聘爲上海文物管理委員會顧問。

1950年就任中央文物局文物處業務秘書。同時兼任北京大學考古專業講師（三年後去職）。

1954年就任故宫博物院業務部副研究員。是後斷續爲中央美術學院國畫系、美術史系、美術史研究所講課。

1979年參加第四屆全國文代大會。同時與王朝聞、賴少其、金維諾等同志共同發起成立美術史學會，並當選爲理事。

1980年被聘爲中央文物局諮議委員會委員，又文物鑑定委員。

1982年春當選爲博物館學會理事。四月晉升爲故宫博物院研究員。

（原載《中國當代社會科學家》第五輯第298–309頁，書目文獻出版社1983年版）

徐邦達

江　成

徐邦達，字孚尹，號李菴，別號心遠生、心遠居士，晚號蠖叟。原籍浙江海寧。1911年生於上海。現任故宫博物院一級研究員、中國美術家協會和中國書法家協會會員、西泠印社社員，是我國當代著名的古書畫鑑定專家。

徐邦達出身在一個商人家庭，父親字堯臣，從商而喜愛書畫，收藏古今作品不少。他從小耳濡目染，受到藝術熏陶，有所領略。最早讀書私塾，直至成年；文辭得吴興鈕仲蓮先生教導。十四歲開始學習繪畫，由於他聰明向學，很早就是丹青妙手。十八歲時從蘇州李濤（醉石）先生學畫山水。李先生師承“婁東派”，徐邦達從他學習基本技法，同時亦臨摹研究歷代各種畫派，融會而貫通之，因此能不拘於一種面貌。在學畫的同時，他也學習書法、詩詞。書法初從柳公權、李邕入手，其後亦泛學無宗，自成面目。詩詞曾受表兄孫鴻士的啓迪，初無師承。

從青年到中年，他長時間趨走往來於寓居上海的書畫家、文學家如趙叔孺、吴湖帆、馮超然、陳定山諸先生之門，後又從趙、吴講研書畫鑑定之學，並受吴氏大弟子王紀千（季遷、己遷）等指導切磋。於陳則在師友之間，其詩詞長進，又得於陳氏爲多。同時畫友知契者有陸儼少、應野平、唐雲、謝稚柳等名家。因此，徐邦達在年三十許時，即以能辨别古書畫時代、真僞而知名於上海。其時並以畫名，曾辦國光藝社，發行《國光藝刊》。

1937年，徐邦達協助上海市博物館，辦理“上海市文獻展覽”的古書畫徵集、檢選、陳列工作，後爲該館董事長葉恭綽先生延聘撰寫《上海市文獻展覽中書畫提要目録》，惜書成而未及印行。其稿今已不知下落。這是他寫作書畫目録的開始。

1945年，抗日戰争結束，徐邦達仍居上海。次年，被選爲中華美術會上海分會理事。1947年又被聘爲參加上海市美術館的美術作品徵集審定工作。同時，在上海中國畫苑舉辦個人畫展，展出作品一百餘幅。當時，著名畫家温肇桐先生曾專門撰寫文章在報上介紹。

1949年，中華人民共和國成立。其時，徐邦達遷居嘉定縣城，與畫友孫祖勃朝夕討論，最爲歡洽。時陸儼少亦在該縣南翔鎮居住，宋文治則住安亭，相去不過數里，因此諸人均過往頗密。陸亦工畫善詩，時與徐唱和或共同染翰，相得甚歡。在這段時間裏，徐邦達創作了較多的山水畫及詩詞。

建國之初，徐邦達即被聘爲上海市文物管理委員會顧問（當時顧問僅徐與張珩兩人）。1950年，又以張珩先生引薦，赴北京就任文化部文物局業務秘書。工作以收集、鑑定書畫文物爲主，從此一直從事這一專業工作至今。1952年，奉文物局指派，任北京大學歷史系考古專業講師，主講古代繪畫史略及鑑定概論，共兩年，後以轉至故宫博物院事冗而辭去。1953年，又奉局派至故宫博物院協助開辟“繪畫館”，自1954年以來即留院爲副研究員，負責繪畫組專業工作。1963年，加入中國美術家協會。

早在解放前，徐邦達居住嘉定縣時，即筆録一種過眼書畫的簡目，到北京中央文物局後仍繼續撰寫，並由“簡目”變爲“簡録”，最後增補成爲《古書畫過眼要録》三册，總共約200多萬字。這部著作是一部帶總結性的鑑考記録，資料翔實，包括流落到海外的中國千年來書畫歷史的精華，且有個人獨到見解，是他幾十年心血的結晶，也是嘉惠後學的一部好書，正由湖南美術出版社分期出版。第一册已於1987年6月出版發行，96萬字。同時還成《歷代流傳書畫作品編年表》一書，已在六十年代上海人民美術出版社出版。1972年在湖北丹江幹校時，又撰著《古書畫鑑定概論》一書，1973年返京後，復經多次修訂，於1981年在北京由文物出版社出版。稍後又撰寫《古書畫僞訛考辨》《歷代書畫家傳記考辨》兩書，前者約60萬字，後者則7萬字左右，分别由江蘇古籍出版社及上海人民美術出版社出版。此外還有爲上海人民美術出版社編輯的《中國繪畫史圖録》上下兩册。從到北京的三十多年來，徐邦達主要的專業工作是鑑定古書畫實物，寫鑑定書畫的總結性文章；至於繪畫創作却只能暫時轉爲業餘遣興，近幾年忽而技癢，纔在鑑考之餘，重操畫筆。他於傳統中國畫功底深厚，多得元人筆意，而參以宋人格法。

1978年，故宫博物院改組院研究室，徐邦達從業務部轉入該室，仍作古書畫研究工作，並由楊臣彬、楊新、王連起、王衛等中青年同志協助。每年他們一起出外閲看全國各省的博物館、文管會、文物商店中所藏的古書畫，藉以擴大眼界，提高識見，徐邦達不顧自己年老體弱，四五年間跑遍了全國百分之八十以上的省、市、地區，過眼的作品不下一二萬件。這也爲他編著《古書畫過眼要録》積累了不少重要資料。

1979年，徐邦達出席第四次全國文代大會，當時他與王朝聞、金維諾、賴少其、朱丹等同志發起組織“中國美術史學會”，被推選爲理事。1980年被聘任國家文物事業管理局咨詢委員會委員，同年參加九三學社。1981年春作爲“中國明清繪畫展覽”代表團成員訪問澳大利亞，並作《中國明代三大畫家研究》的專題學術報告。同年又加入中國書法家協會，並被聘爲國家文物鑑定委員會常務委員。1981年冬，中國畫研究院成立，他參加了研究院舉辦的畫展，展品《江涵秋影雁初飛》一幅，被選入院印畫集。1982年春當選爲中國博物館學會理事。同年4月，晉升爲故宫博物院研究員，現仍在該院研究室任職。1985年應美國大都會博物館的邀請，參加普林斯頓大學“中國詩、書、畫”學術討論會，並訪問了美國、加拿大各大博物館，參與鑑定了其中部分中國古書畫藏品。

徐邦達是一位勤奮的學者，博學多聞，他在詩詞、歌賦、書法、繪畫、文學、史學等諸方面都有很深的造詣。近十來年，他寫作了不少詩詞，才思敏捷，倚馬可待，手稿名“李菴詩詞集”，尚未選訂成書。近年來相與唱和的有黄甦宇（君坦）、張叢碧（伯駒）、周玉言（汝昌）等人，與周尤有水乳之契。在京鑑論古書畫的好友，則與啓元白（功）爲最契合。

在故宫博物院成立六十週年之際，徐邦達曾賦詩抒懷：

前朝王氣總湮淪，遺闕輝煌望轉新。
彝鼎豈仍宗社重，圖書猶檢石渠珍。
禁庭翠柏虚華蓋，金水瓊波許釣綸。
六十年來誰作主？要將博物付群民。

“要將博物付群民”，這正是徐邦達畢生的追求。在這幾十年里，故宫博物院的許多傳世名迹都是經他親自考證鑑定和收購的，有的還是他直接提供線索徵集的。他不僅培養了一批年輕人，還爲地方博物館發掘了一批珍品，解决了許多疑難問題。從1950年起，他撰寫有關繪畫史、書法史及古書畫鑑定的論文約200餘篇，發表在國内外各種報刊雜誌上。其中許多論文都有很高的學術價值。目前，他仍然在爲他所熱愛的人民博物事業而兢兢業業地辛勤勞動着。

（原載海寧市政協文史資料委員會編《當代海寧人》第46–50頁，1988年編印）